安德烈·高兹的生态学马克思主义思想研究

于宜含　著

吉林大学出版社

·长　春·

图书在版编目(CIP)数据

安德烈·高兹的生态学马克思主义思想研究 / 于宜
含著. —长春：吉林大学出版社，2024.5.
ISBN 978-7-5768-3216-7

Ⅰ. A841. 693

中国国家版本馆 CIP 数据核字第 2024NA5275 号

书　　名：**安德烈·高兹的生态学马克思主义思想研究**
ANDELIE·GAOCI DE SHENGTAIXUE MAKESI ZHUYI SIXIANG YANJIU

作　　者：于宜含
策划编辑：黄国彬
责任编辑：李适存
责任校对：马宁徽
装帧设计：姜　文
出版发行：吉林大学出版社
社　　址：长春市人民大街 4059 号
邮政编码：130021
发行电话：0431－89580036/58
网　　址：http://www.jlup.com.cn
电子邮箱：jldxcbs@sina.com
印　　刷：天津鑫恒彩印刷有限公司
开　　本：787mm×1092mm　1/16
印　　张：11
字　　数：170 千字
版　　次：2025 年 1 月　第 1 版
印　　次：2025 年 1 月　第 1 次
书　　号：ISBN 978-7-5768-3216-7
定　　价：68.00 元

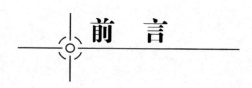

前　言

　　安德烈·高兹（André Gorz）是法国著名的左翼思想家，作为生态学马克思主义的主要代表人物之一，在对资本主义政治经济学进行深刻反思的基础上，他从生态学出发对资本主义进行全面系统的批判，开辟了政治生态批判的独特视角。在高兹看来，资本家在经济理性的支配下追求财富的最大化，对利润的盲目追求导致了日益严重的生态问题，而生态危机是资本主义社会其他一切危机的根源。可以说，高兹认为资本主义生态危机是人与自然、人与人以及人与社会之间矛盾激化的原因和反映。摆脱生态危机，需要改变资本主义以利润为唯一追求的生产生活方式，在遵循生态理性的基础上，通过联合性的社会合作组织实现自我管理、自我设限，实现生态社会主义对资本主义的超越。高兹根据设想的社会主义生态标准批判资本主义的经济理性，主张通过对经济理性设限彻底扭转资本主义社会对利润最大化的追求，因为把社会主义革命转向一种生态文化革命而具有明显的乌托邦色彩。正确把握高兹生态学马克思主义思想的价值与局限，对推进新时代中国生态文明建设具有一定的参考价值。

目　录

第1章 | 绪 论

1.1 研究背景及研究意义

1.1.1 研究背景

20 世纪 60 年代前后，伴随资本主义国家的工业化发展，环境污染、生态破坏、能源紧张等问题日益严峻，当时西方马克思主义者意识到资本主义生态危机及其造成的社会问题后，纷纷从生态学视角对资本主义社会进行批判。批判最初分为两路：其一，有的学者根据马克思主义理论，认为资本主义社会的经济危机是造成生态危机的根源，消除生态危机需要首先在批判资本主义的基础上消除经济危机；其二，有些学者不仅看清资本主义社会是造成生态危机的根源，还注意到了生态危机对资本主义的破坏性，他们主张不能单纯从马克思主义出发批判资本主义，而应该把马克思主义对资本主义的批判与从生态视角对资本主义的批判结合起来。安德烈·高兹作为生态学马克思主义的重要代表之一，他赞同上述第二种观点，主张在继承马克思主义的基础上，首先对资本主义社会开展政治经济学批判，通过政治经济学批判，他发现可以依靠生态学本身完成对资本主义社会的政治批判，因此提出并回答了生态学的政治化何以可能以及如何实现等问题。

在生态学马克思主义者中，有许多学者对资本主义的批判遵从的是上述第一种观点，以奥康纳和福斯特为例：奥康纳坚持马克思历史唯物主义，把"自然"和"文化"与历史唯物主义相结合，把人类社会的劳动分别纳入自然系统和历史文化系统，试图通过"自然—劳动—文化"一体化的理论体系形成自己的生态学马克思主义理论，达到重构马克思主义历史唯物主义的目的；不同于奥康纳把"自然"单独带入研究领域，福斯特认为马克思历史唯物主义的论证本身就内在地包含着自然的部分，他选择回归马克思，把资本主义的生态危机看作经济问题或政治问题，至于包括生态危机在内的各种资本主义社会的危机，都可以通过参照马克思主义或者从马克思的经典文本中找到现实出路。虽然二者在批判资本主义社会生态危机时采用了不同的方法，但他们或者选择"重构"马克思历史唯物主义，或者直接"回归"马克思主义本身，换言之，奥康纳和福斯特对资本主义的两种不同批判范式，都是在马克思主义的逻辑框架内完成的，这对于从现实出发分析资本主义的出路具有重要的指导作用。

高兹之所以把马克思主义和生态学结合起来对资本主义进行批判，是因为他发现，以奥康纳和福斯特为代表的生态学马克思主义者，只是以马克思主义历史唯物主义为标准和参照开展对资本主义生态危机的批判，并没有彻底解决一个问题，即：马克思历史唯物主义和政治经济学批判挤占了生态学在资本主义批判中的存在空间，例如，资本、需要和阶级等可以被转化为生态范畴的问题，都被马克思看作政治经济学批判的内容。高兹的生态学马克思主义理论是他对马克思政治经济学和历史唯物主义进行的生态改造，在通过政治经济学批判揭示出资本主义社会必然导致生态危机的前提下，提出用生态理性替代经济理性，构建出一条不同于利润至上的资本主义社会的人类生态解放之路。

1.2.1 研究意义

高兹生态学马克思主义思想具有重要的理论意义和实践意义。

就理论意义而言，其一，高兹生态学马克思主义开辟了政治生态批判的独特视角。根据马克思主义，高兹之前对资本主义的批判主要是政治经济学批判，这种批判认为导致生态危机的根本原因是资本主义生产方式或者说是资本主义的生产资料所有制，只有推翻资本主义社会才能彻底解决生态危机。而高兹生态学马克思主义首先借助政治经济学批判，揭示了资本主义社会在经济理性支配下以利润最大化为根本追求，资本家唯利是图的本性使得资本主义社会的生产坚持"越多越好"原则、"计算和核算"原则以及"效率至上"原则，对自然和环境无上限的一味索取必然造成生态失衡，进而导致生态危机，因此，虽然高兹同马克思都赞同推翻资本主义社会，但不同于马克思的政治经济学批判，高兹开辟了政治生态批判的新视角。其二，高兹生态学马克思主义推动了人们对生产、消费以及现代性的重新思考。资本主义社会的生产追求的是最大化的利润，为了实现这一目标，资本家凭借手中掌握的资本决定着生产什么以及如何生产，劳动者不仅没有任何自主性，而且为利润服务的计算和核算等程序化思维使人逐渐丧失创造性和活力，加之生产过程中人们从事的碎片化和简单重复的劳动使劳动分工出现，科技的加入更是强化了体力劳动者和脑力劳动者的分化。而根据高兹的观点，劳动分工是造成包含劳动异化和消费异化在内的一切异化的根源。原本作为人的存在方式的生产劳动现在成为一切异化的根源，在生产劳动中没有幸福感的劳动者在消费过程中将苦闷的情绪转嫁给消费，但虚假消费本身除了帮助资本家获利外，对改变劳动者的处境没有任何积极影响。劳动分工、生产异化和消费异化等问题的出现启发人们反思，所谓的现代性真正给人们带来的到底是不是人们期待和渴求的。其三，高兹的生态学马克思主义思想丰富和发展了生态学马克思主义的理论体系。在过去继承马克思主义的基础上，高兹对马克思主义的研究内容进行了生态学整合，从生态学视角批判资本主义社会，探究人类社会的未来走向，丰富和发展了生态学马克思主义的理论体系。

就实践意义而言，对于资本主义国家来说，高兹的生态学马克思主义思想虽然不同于马克思主义，但同样是以资本主义社会为批判对象。资本家如果想尽量长久地延长自己的统治时间，就需要把自身对利润的追求控制在能源、资源和劳动者可以承受的限度内；劳动者如果想尽快结束自身被剥削和奴役的状况，则需要首先借助马克思政治经济学批判看清资本家的真正面目和资本主义社会的实质，然后根据高兹提出的生态解放路径，找到推翻资产阶级的恰当时机和方法。对于社会主义国家而言，已经在形式上进入到高兹认为的人类自由解放的理想阶段，但并不是所有社会主义国家都满足他提出的社会主义国家的标准：实行高度集中的计划经济体制的苏联社会主义，因为仍然坚持经济理性的主导地位，因此必然会导致严重的生态问题；当前中国特色社会主义建设进入新时代，高兹生态学马克思主义思想对于中国推进生态政治建设、生态经济建设和生态文化建设具有重要的现实指导意义。

1.2 国内外研究综述

1.2.1 国内研究综述

改革开放以来，尤其是伴随着工业化发展进程的迅速推进，生态问题逐渐出现，越来越成为中国特色社会主义现代化建设过程中不得不直面的问题，国内学术界在深化对生态哲学的研究时，越发重视对西方生态学马克思主义思想的研究，作为生态学马克思主义的重要代表，高兹的生态学马克思主义思想逐渐进入人们的视野。20世纪70年代以来，高兹用法语写作了包含《劳动分工批判》《政治生态学》《生态学与自由》《告别工人阶级》《资本主义、社会主义、生态学》等在内的大量著作，但国内除了2018年商务印书馆出版的由彭姝祎翻译的《资本主义，社会主义，生态 迷失与方向》外，几乎没有关于高兹生态学马克思主义思想的其他中文译本，这极大地限制了国内学术界对高兹生态学马克思主义思想的研究。国内学者关于高兹的研究，主要参考的是他的英文版著作《劳工战略》(1964年)、《艰难的社会主义》(1967年)、《劳动分工的批判》(1973年)、《政治生态学》(1975年)、《告别工人阶级》(1980年)、《通往天堂之路》(1985年)、《经济理性批判》(1988年)、《资本主义·社会主义·生态学》(1991年)，通过转述或者自我翻译的方式把握高兹生态学马克思主义思想，在增大对高兹思想研究难度的同时降低了对高兹思想整体性的把握。从对高兹生态学马克思主义思想的研究现状来看，国内对高兹生态学马克思主义思想的研究经历了过去仅仅把它作为西方马克思主义思想的一个组成部分，到现在随着研究的不断深入，出现了大量以高兹思想为研究重点，针对高兹生态学马克思主义思想的全面系统的研究论著。

20世纪80年代，国内以学者徐崇温和学者李青宜为代表最早开启了对高兹思想的介绍。徐崇温先生在其著作《西方马克思主义》和《"西方马克思主义"论丛》中，把高兹看作存在主义的马克思主义者，把高兹思想看作"是一种当代的存在主义"①，他指出，高兹继承其导师萨特的思想，通过把存在主义的马克思主义思想与现实的生态运动的结合，对资本主义进行后现代批判，分析了高兹的政治生态学理论以及关于后工业革命的具体构想。徐崇温先生认为高兹把存在主义追求的抽象的个人自由建立在现实社会层面上是不可能实现的。李青宜先生在其著作中也有关于高兹思想的论述，他肯定了高兹从政治生态学视角对资本主义社会的批判，在《当代法国的"新马克思主义"》一书中指出，高兹在批判资本主义时体现出来的创新，并不能掩盖其生态政治理论的乌托邦色彩，"使社会主义从科学退回到乌托邦的做法，必然使他对未来产生悲观主义，而且在实践中也是行不通的"②。这一时期，学界对高兹的定位停留在传统马克思主义理论范式，陆俊教授在其《理性的界限："西方马克思主义"现代乌托邦社会主义理论研究》和《论高兹的"后工业社会的乌托邦"》中更是态度鲜明地指出：高兹的思想是"后工业社会的乌托邦"③，高兹是实实在在的乌托邦主义者。

　　进入 21 世纪，生态问题逐渐成为中国经济社会发展的主要障碍之一，为了借鉴西方资本主义国家的发展教训，更好地发挥社会主义在解决生态问题时的制度优势，国内学术界以学者陈学明等为代表把研究重点放在了生态学马克思主义上，对高兹生态学马克思主义思想的研究也逐步推进到深化阶段。陈学明教授在《国外马克思主义哲学流派新编》（西方马克思主义卷，下册）的第八章专门阐述了高兹的生态学思想，他指出，"高兹既是存在主义的马克思主义的重要代表，又是生态学的马克思主义的主要理论家"④，不同于其他生态学马克思主义者，高兹对资本主义社会的生态批判既是最全面和最系统的，也是最尖锐和最深刻的。高兹在论证资本主义爆发生态危机的必然性时，进一步揭示了社会主义是资本主义生态危机的唯一出路，对于建立社会主义的必要性源于克服资本主义生态危机的需要，陈学明教授也给予了充分肯定，他指出："关于生态社会主义的构想尽管充满了乌托邦色彩，但对人们产生了

---

　　① 徐崇温."西方马克思主义"论丛[M]. 重庆：重庆出版社，1989：397.
　　② 李青宜. 当代法国的"新马克思主义"[M]. 北京：当代中国出版社，1997：101.
　　③ 陆俊. 论高兹的"后工业社会的乌托邦"[J]. 理论纵横，1996(03).
　　④ 俞吾金，陈学明. 国外马克思主义哲学流派新编（西方马克思主义卷，下册）[M]. 上海：复旦大学出版社，2002：151.

强烈的吸引力。"①

近年来国内对高兹思想的研究，延续了21世纪初学者陈学明对高兹的定位，不同之处在于，随着众多专门研究高兹思想的论著的面世，高兹生态学马克思主义思想本身逐渐成为学术界研究的重点。学者蒋舟俊认为，高兹通过"从生态政治学的层面对环境问题的根源进行仔细剖析"，最终指认了资本主义制度这一生态危机的根源②；汤建龙教授在其《在萨特和马克思主义之间：安德烈·高兹早中期哲学思想解读》中对高兹思想进行了最为全面深刻的解读，在厘清高兹生态学马克思主义思想和萨特存在主义思想关系的基础上，汤建龙教授揭示了高兹生态学马克思主义思想的人本主义追求，同时进一步阐释了高兹思想作为一种具体的乌托邦思想实现的可能性；学者温晓春的《安德烈·高兹中晚期生态学马克思主义思想研究》是对高兹生态学马克思主义思想最为系统的研究专著，其中既包含从生态学马克思主义视角对资本主义社会的批判逻辑，又详细论述了如何实现人的自由解放，同时还分析了高兹生态学马克思主义思想的历史局限性和阶级局限性。

高兹的思想是一个复杂的理论体系，从高兹生态学马克思主义思想的研究成果来看，国内学者对高兹思想的研究逐步从部分论述向系统把握转变。过去国内学者更加注重从技术理论、劳动理论、平等理论、女性理论、就业理论、教育理论、消费理论、阶级理论、经济理论、生态理论等方面把握高兹资本主义批判的整体性内容，例如：吴宁教授在《工人阶级的终结——兼析高兹的〈告别工人阶级〉》《高兹的生态学社会主义》《高兹的生态政治学》《高兹的资本主义观》《女性与家务劳动——高兹的女性观略论》《批判经济理性、重建生态理性、高兹的现代性方案述评》等文章中，对高兹的"资本主义教育批判""女性观""消费社会理论""生态学社会主义""经济理性批判""就业理论""生态政治学""资本主义观""生态现代化理论"等诸多观点逐一地进行了评述；学者解保军在《安德瑞·高兹的"技术法西斯主义"理论析评》中详细介绍了高兹的"技术法西斯主义"理论；学者曾文婷在《安德烈·高兹的"非工人的非阶

---

① 俞吾金，陈学明.国外马克思主义哲学流派新编（西方马克思主义卷，下册）[M].上海：复旦大学出版社，2002：581.

② 蒋舟俊.高兹的生态学马克思主义的政治哲学[J].江汉大学学报，2004(06).

级"思想述评》对高兹的新阶级理论进行了详解；温晓春在《安德烈·高兹医疗工业政治经济学批判的基本逻辑》中从医疗工业的角度分析了高兹的生态学批判问题。当前国内学者更注重从总体性出发对高兹思想进行总体把握，例如，2017 年学者朱波在其《高兹生态学马克思主义思想研究》一书中，将高兹的生态学马克思主义划分为：理论形成期、理论发展期和理论成熟期三个阶段，并从理论来源、理论批判和理论构想对高兹的思想进行了论述；学者冯旺舟在其《安德烈·高兹的资本主义批判理论及其时代价值》中不仅强调了存在主义和马克思主义对高兹思想的重要影响，而且重点分析了高兹思想形成过程中对资本主义社会的批判以及对构建生态社会主义的现实指导意义。

总的来说，国内学术界最早对高兹生态学马克思主义思想的研究由于文本的局限只是以片段或转述的形式进行了粗浅的研究，随着生态问题的日益严峻和生态学马克思主义思想影响的逐步扩大，高兹的思想作为西方生态学马克思主义的组成部分而被人们熟悉，直到近些年更多学者开始考虑在前期研究基础上把高兹思想本身作为研究重点，从整体性出发把握高兹思想的全貌。本书对高兹生态学马克思主义思想的整体研究符合国内对高兹思想的研究趋势，首先考察了高兹思想形成的背景，梳理了其理论来源；其次，通过政治经济学的批判在经济理性和生态危机之间建立联系；再次，在对资本主义进行生态批判和构建生态社会主义的基础上，揭示高兹生态学马克思主义的主题和旨趣；最后，在评价高兹思想时，阐明对当前中国生态文明建设的现实意义。

1.2.2　国外研究综述

作为法国著名的左翼思想家，高兹的生态学马克思主义思想在国外经历了由热到冷再到热的过程，从 20 世纪 60 年代中期法国左派政府统治时期备受重视，之后一直到 20 世纪 80 年代期间都被忽视，而 20 世纪 80 年代后，随着高兹一系列著作的问世，其思想再次在西方世界流行。相较于生态学马克思主义的其他代表人物，国内外学者对高兹思想的关注和研究并不是特别多，但总体而言，国外学术界对高兹生态学马克思主义思想的研究更为深刻。高兹的思想本身不仅经历了马克思主义向生态学马克思主义的转变，而且还扬弃了存在主义的思想。高兹生态学马克思主义思想的形成过程与西方生态学马克思主义的发展轨迹是一致的，国外学术界既从整体把握高兹的思想，又对其生态学马克思主义思想中的具体观点进行了针对性剖析。

就整体性研究而言，以学者艾德里安·利特勒（Adrian Little）和学者包令（Fin Bowring）等为代表，他们在著作中对高兹的生态政治思想进行了较为全面和系统的分析。利特勒认为高兹的思想来源于法国存在主义的马克思主义，在批判资本主义社会基础上形成的生态政治学延续了存在主义对劳动和福利社会主义的追求，高兹强调的个人自由自觉的社会主义是建设生态社会的基础和前提。关于阶级斗争，利特勒指出，"高兹特别强调了个人解放的阶级意识"[①]，尽管高兹提出的"非工人的非阶级"与马克思的相关主张不一致，但这并不能成为否定高兹具有马克思主义传统的根据。包令在梳理高兹思想转变过程以及对比萨特存在主义和马克思主义的基础上，把高兹定义为"批判的马克思主义者"[②]，他的思想建立在对一切向资本主义现代性妥协的生活和工作中的异化的批判基础上。

就针对性研究而言，国外学者对高兹思想的研究主要集中在对其思想的评价上，具体来说指向的是通过对其思想的乌托邦色彩进行论证，判断是否具有现实可行性和价值，对于这一问题，学者弗兰克尔（Frankel）、霍夫曼（Hoffman）以及赫希（Arthur Hirsh）等代表不同的观点。弗兰克尔认为，高兹在批判资本主义社会的基础上，揭示了导致生态危机的制度根源，在继承存在主义思想的基础上主张构建个人主义的社会主义，而对于这种对未来社会的极端理想化设想，弗兰克尔把它看作不可能实现的乌托邦，"如果不能具体化为行动和组织计划，那么一切都是假的"[③]。霍夫曼与弗兰克尔的观点相似，把高兹的生态政治思想看作一种空想社会主义。赫希不同于二者的观点，认为高兹的思想不仅为激进的左派找到了一条现实出路，而且为实现后工业社会的生态转型提供了一种崭新的社会主义模式。

除了整体性和针对性研究外，国外学者对高兹思想的研究还出现了许多争议，主要集中在以下几个方面。

---

① Adrian Little. The Political Thought of Andre Gorz[M]. London：Routledge Press，1996：81.
② Fin Bowring. Andre Gorz and the Sartrean Legacy[M]. London：Macmillan Press，2000：189.
③ Frankel. J. Beyond the State[M]. Cambridge：Polity Press，1987：18.

　　其一，关于高兹对马克思主义是守护还是背离的争论。以麦克森斯·伍德（Meiksins Wood）和海曼（Hyman）为代表的学者认为，高兹在构建自身思想体系时，因为在很多方面与马克思主义理论相背离，因此，高兹是马克思主义的违背者。例如，高兹提出资本主义社会的工人，尤其是处于社会底层的体力劳动者属于“非工人的非阶级”，他们作为走向未来社会的中坚力量不同于马克思眼中的工人阶级，而且，高兹更倾向于通过改革而非马克思主张的暴力革命的方式实现对阶级社会的超越。以艾德里安·利特勒（Adrian Little）和吉奥海根（Geoghegan）为代表的学者则认为，高兹的理论起点和终极旨趣都是对马克思主义的继承。高兹论证资本主义经济理性和生态理性难以共存，采用的是马克思主义对资本主义社会批判的政治经济学，而最终提出生态理性代替经济理性，所要建构的生态社会主义与马克思强调的社会主义对资本主义的替代相一致。对高兹的思想主张进行系统的分析不难发现，高兹对马克思主义理论持辩证态度，既继承了为其政治生态思想做辩护的部分，又对不一致的地方进行了生态学解读。

　　其二，关于工人阶级是否仍然是社会革命的主体。高兹在其著作《告别工人阶级》中指出，传统的工人阶级在资本主义社会已经解体，他们中的一部分成为实现正规就业的精英分子，一部分是失业的或者非正规就业的边缘群体，他们通过联合性的社会合作组织实现自我管理和自我设限，用文化革命的方式代替无产阶级革命，实现生态社会主义对资本主义的超越。而根据马克思主义的观点，随着资本主义社会的发展，社会收入会越来越倾向于两极，换言之，资本家积累财富的同时工人也在积累着贫困，因此，工人作为自由的一无所有的劳动者越来越体现着无产阶级的特征，当无产阶级无法承受资产阶级施加给它的剥削和压迫时，整个无产阶级便会通过暴力革命的方式推翻资产阶级。弗兰克尔（Frankel）认为，高兹对于构建生态社会主义的设想，因为组织计划的不具体必然导致失败。

　　其三，关于工作与解放的关系以及生态学马克思主义思想能否实现的问题。以肖恩·塞耶斯（Sean Sayers）为代表的学者主张，高兹认为人们的工作和休闲是不可分割的，那些强调只有在工作之外才能实现个人自由解放的思想是不正确的，这一看法与包令的观点相似，他认为高兹并不反对一切工作，他针对的是资本主义制度下以虚假形式存在的人为制造的工作需要。高兹倡导构建的生态社会主义并不是让人们不劳动，而是要求在生态系统可承受范围内活动。排除了劳动对未来社会的限制，并没有彻底消除学术界关于高兹生态社会主义的乌托邦争论。前面在论证人们对高兹思想进行针对性研究时通过对比弗兰克尔和赫希等学者的观点已经指出，国外学者更多的是把高兹思想看作一种缺乏具体行动和计划的乌托邦，但也有一部分学者从其思想中蕴含的对当前现代化建设事业的指导意义理解其思想的可行性。

总的来说，国外对高兹生态学马克思主义思想的研究不仅在时间上先于国内，在研究程度上也要比国内的现有研究成果更加深刻。不同于国内对高兹思想研究呈现的全面化和系统化趋势，国外既注重研究的整体性，又注重对其进行有针对性的深化。本书对高兹生态学马克思主义思想的研究在梳理其理论自身逻辑的基础上，从生态政治学的独特视角进行有针对性的研究，期望最大限度地还原高兹思想的原貌，发挥其生态学马克思主义思想的现实作用。

1.3　研究思路与方法

1.3.1　研究思路

本书的研究从高兹所处的生活背景和继承的各种社会批判理论入手，通过分析高兹对资本主义政治经济学的批判，揭示了他在劳动、革命主体以及社会革命等问题上与马克思主义的不同，为从生态学视角开展对资本主义的批判揭开了序幕。高兹对资本主义社会的生态批判主要从经济理性、科学技术以及劳动分工三个方面进行，在批判过程中逐渐揭示出经济理性和生态理性的矛盾冲突，并指明消解二者对立的根本途径是超越经济理性的藩篱，构建生态社会主义。在此基础上，通过结合马克思主义，阐明了高兹生态学马克思主义思想的价值和缺陷，为推动中国特色社会主义美丽中国建设提供有益借鉴。

具体来说，第 1 章是绪论部分；第 2 章交代了高兹生态学马克思主义思想形成的现实背景和理论渊源；第 3 章、第 4 章和第 5 章是本书的主体部分，分析了高兹生态学马克思主义思想形成的前提、主题和旨趣；第 6 章和第 7

章是本书主体部分的延伸，进一步探讨了高兹生态学马克思主义思想的价值和局限；结论总结了本书的核心观点。

第 1 章绪论对研究背景及意义、国内外研究现状、研究思路及研究方法等问题进行了介绍。

第 2 章交代了高兹生态学马克思主义思想形成的现实背景和理论渊源。就现实背景而言，包括高兹本人的生活经历和资本主义社会的发展现实两部分。就理论渊源而言，高兹批判地继承了包括马克思历史唯物主义、法兰克福学派思想以及列斐伏尔日常生活理论在内的各种社会批判理论，为实现对资本主义社会的生态批判奠定了坚实的理论基础。

第 3 章阐述了高兹生态学马克思主义思想形成的前提。马克思对资本主义的批判是依托其政治经济学实现的，高兹在此基础上，从生态学的视角对资本主义政治经济学进行了新的解读：其一，高兹厘清了劳动内涵的新变化，对现代工业社会异化劳动的内涵做出判断之后，提出真劳动的内涵，形成了劳动解放的新观点；其二，高兹分析了现代工业社会工人阶级力量的变化，强调只有能够实现自然和人类社会和谐相处的"非工人非阶级"才是真正的革命动力和历史主体，指出非工人的非阶级革命任务发生变化；其三，在指明生态危机取代经济危机的前提下，提出重建马克思主义政治经济学批判的原则，实现社会主义生态转向。

第 4 章提出了高兹生态学马克思主义思想的主题。对资本主义进行生态学批判：高兹首先揭示了经济理性支配下导致生态危机的必然性；其次，高兹对实现经济理性的科学技术进行了批判，揭示了本该中立的科学技术沦为资产阶级意识形态，成为阶级统治工具的事实；最后，高兹论证了经济理性和科技理性造成的劳动分工是资本主义社会一切异化的根源。

第 5 章揭示了高兹生态学马克思主义思想的旨趣。高兹批判资本主义经济理性、技术理性和劳动分工，表明资本主义生产方式和生态环境之间的冲突，而保护环境的最佳制度选择是更为先进的社会主义制度。与奉行经济理性的苏联模式的社会主义不同，高兹主张的是生态社会主义，即以社会主义的生产方式为依托，使经济理性服从于生态理性，对资本主义工业体系进行生态重构，实现生态社会主义的现代化。

第 6 章评价了高兹生态学马克思主义思想。高兹生态学马克思主义思想既有其理论价值，也有其历史局限性。理论价值主要体现在：开辟了政治生态批判的独特视角；对生产、消费和现代性进行了重新思考；进一步丰富和发展了生态学马克思主义的理论体系等。历史局限性表现为：对生态危机矫枉过正；具有鲜明的技术决定论倾向；对未来社会的设想具有乌托邦色彩。

第 7 章分析了高兹生态学马克思主义思想对中国生态文明建设的影响。在推进生态政治建设方面：有利于发挥社会主义的制度优势，开拓生态建设的政治思维；在推进生态经济建设方面：有利于推动以生态为尺度的"新常态"经济转型，建设以生态为导向的新型现代化；在推进生态文化建设方面：有利于构建意识形态的生态话语权，倡导生态文明理念。

结语研究高兹生态学马克思主义思想形成的结论：其一，高兹通过从生态学视角对资本主义政治经济学分析发现，资本主义社会的生产方式必然导致资本主义生态危机；其二，指导资本主义的经济理性是造成资本主义生态危机的根本原因，而生态危机是资本主义其他一切危机的根源；其三，为了实现人与自然以及人与人的和谐，必须用生态理性取代经济理性，用生态社会主义取代资本主义；其四，高兹生态学马克思主义思想虽然有其历史局限性，但其生态社会主义构想中蕴含的理论价值对当今中国生态文明建设具有一定的指导意义。

1.3.2 研究方法

第一，文献研究法。首先，对安德烈·高兹本人的《经济理性批判》《作为政治学的生态学》《资本主义、社会主义与生态学》等著作进行解读，并对国内外关于高兹的现有研究成果进行梳理，从总体上把握高兹的生态学马克思主义思想。其次，对马克思主义经典著作的研读。高兹在对资本主义社会进行生态批判时，参考借鉴了马克思主义的许多观点，可以说，高兹生态学马克思主义思想从前提、主题到旨趣，到处充满着对马克思主义的继承和批判。最后，对存在主义和法兰克福学派等西方马克思主义学派思想的把握。高兹的研究内容比较丰富，在转向生态学研究之前深受其他学派影响，把握其理论来源和思想的转变有助于更全面地理解生态学马克思主义的内涵。

第二，历史分析法。任何理论的形成都有特定的社会历史背景，高兹生态学马克思主义思想对资本主义社会的批判从政治经济学转向生态领域，正是发达资本主义国家工业化建设造成生态危机的体现，对高兹思想的考察必须具体地、历史地进行。

第三，比较研究法。高兹生态学马克思主义思想中到处充满着比较研究法，最主要表现为高兹的生态学与马克思主义之间的比较，高兹的生态理性和资本主义倡导的经济理性之间的比较，高兹的生态社会主义和资本主义生产方式之间的比较等等。

第四，交叉研究法。高兹生态学马克思主义思想涉及哲学、政治学、经济学、生态学等学科的交叉，这就要求既要熟悉各学科的理论知识，也要注意各学科之间的交叉研究，尤其是同一问题在不同学科的理解。

第五，理论联系实际。对高兹生态学马克思主义思想进行整体性把握，既需要立足现实对资本主义社会经济理性进行批判，也需要指明人类社会的未来走向及其对中国生态文明建设发挥的实际作用，只有如此，来源于批判现实的理论才能进一步推动现实社会的发展。

1.4　创新点与不足之处

1.4.1　创新点

第一，研究视角的创新。关于安德烈·高兹生态学马克思主义思想的现有研究成果，更多的是直接把对其理论内涵的梳理作为重点，本书立足于马克思主义文本和安德烈·高兹的著作，以政治经济学和生态学的结合为研究视角，重点考察的是高兹如何在政治经济学和生态学之间建立联系，为什么生态理性能够取代经济理性，以及如何通过重构生态理性实现生态社会主义。可以说，只有对高兹生态批判理论的内在逻辑进行论证，才能更加明确高兹生态学马克思主义思想的理论内涵。

第二，研究内容的创新。从现代工业社会已经发生变化的劳动内容出发阐明革命主体、革命任务的变化，对政治经济学原则的生态改造构成高兹建构生态社会主义的新路径，明确高兹生态社会主义把政治经济学原则植根于生态领域形成的批判资本主义的内容。基于高兹生态社会主义对马克思政治经济学原则的改造中把握其生态社会主义的内涵，明确其生态理性、生态自我以及生态劳动为内核的生态社会主义构想的价值和局限，在深层次上理解高兹生态学马克思主义理论的出发点以及归宿。

1.4.2 不足之处

本书对生态学马克思主义思想的研究，主要以生态学马克思主义的重要代表安德烈·高兹为依托，研究重点指向的是高兹生态学马克思主义的逻辑建构，因此研究中忽视了对系统生态学马克思主义思想的梳理。

安德烈·高兹的研究主题广泛，思想跨度较大，本书研究的只是其生态学马克思主义部分，对其他部分只是粗浅地梳理了它们对其生态学马克思主义思想的影响，对安德烈·高兹思想的整体性研究不足。

第 2 章　高兹生态学马克思主义思想的背景考察和理论渊源

高兹生态学马克思主义的形成有其特殊的社会背景和历史条件，这既关系着如何对待资本主义制度的现实问题，也关系着如何对待传统马克思主义理论的问题。近代西方反思和批判的资本主义以及工业文明的思潮构成高兹生态学马克思主义形成最直接的社会历史条件，除此之外必须要考虑理论学说借鉴和转向之间的内在原因。因此考察高兹的生态学马克思主义理论必须从其提出的现实背景出发发现高兹坚持追寻的核心问题，并发现其深受影响的理论学说，从而全面把握高兹生态学马克思主义的整体逻辑。

2.1　高兹生态学马克思主义思想的背景考察

高兹生态学马克思主义的形成和自身经历密切相关，其所经历和关注的问题直接决定其思想理论的形成。此外还需明确，高兹生态学马克思主义理论产生于现代工业社会发展的新阶段，是基于现代工业社会新的冲突而做出的一种思考。高兹基于自身经历和现代社会危机和马克思主义理论之间的关系，从存在主义转向存在主义马克思主义，并最终在生态学马克思主义下确立研究的立足点。

2.1.1　高兹生态学马克思主义思想形成的轨迹考察

关于高兹的思想是一种存在主义马克思主义思想还是生态学马克思主义思想，学界一直存在争议。这是因为高兹的思想中既有存在主义的痕迹，也有生态学马克思主义的内容。高兹受存在主义思想和马克思主义理论的影响，其思想经历了从存在主义、存在主义马克思主义再到生态学马克思主义的转变过程。

高兹自身特殊的家庭环境以及成长经历，加上当时欧洲的整个文化氛围，促使他在接触到萨特存在主义思想瞬间就迷上了。高兹的父亲是一位典型的犹太人，而母亲则是一位天主教徒。从小母亲对高兹寄予厚望，要求严格，希望把高兹培养成上流社会的一员。母亲的严厉常常让高兹觉得自己不是母亲所希望成为的儿子，家庭过高的期望以及犹太人的宗教血统使他陷入到一种身份认同危机。这种认同危机使他无法平衡"他所是""被希望所是"和"他希望所是"之间的关系，面对他母亲的种种要求和责备，他对生活产生了一种虚无感、负疚感，在自我认同的危机中甚至将这种虚妄转化为一种自虐的倾向。在遇到萨特存在主义哲学之前，高兹都渴望找到寄托自我和消除虚妄的家园。萨特"存在先于本质"使高兹意识到"他在"不是一无所是的，存在包括自在的存在和自为的存在，存在被否定之后就能实现自由。高兹不再逃避，开始放弃自我否定，走向自我协调。在继承和批判萨特的存在主义的基础上，开始自己哲学著作《道德的基础》的创作。在《道德的基础》中，高兹构思了关于存在、自由以及个人解放的思想理论。高兹构建的存在主义的本体论虽然把握到了生活与自由的本质问题，但是仍然停留于抽象的哲学思考，而没有考虑感性的现实经验。之后高兹继续写了《叛逆者》和《历史的道德》，进一步转向对异化理论的研究，从存在主义的角度对异化问题形成一个新的理论体系。可以说高兹存在主义哲学的内容成为其分析、认识资本主义工人阶级关系的起点，构成其超越资本主义构建生态社会主义的立足点。

直至 20 世纪 50 年代，法国工人运动促使西方马克思主义者重新思考如何对待传统马克思主义理论。20 世纪 60 年代之后高兹开始关注政治领域的问题，高兹从存在主义哲学转向存在主义马克思主义研究。在《劳工战略》一书中，高兹用存在主义的马克思主义观点分析当时工人阶级的地位和状况，得出其和传统工人阶级差异极大的结论。高兹指出现代工人阶级主体发生了变化，应当寻找新的革命基础和革命道路。高兹认为，既不能进行传统社会主义革命，也不能继续在资本主义制度框架内实现改良主义解决现代工业文明的危机。高兹吸收卡斯托里亚蒂斯"自我管理"的思想，放弃在生产领域建立革命的意识，却没有放弃存在主义的理论基础，提出实现工人自我管理。自我管理归根结底是建立一种社会性的合作组织发挥工人自由自觉的意识。

实现工人的自我管理的社会运动已经无法再坚持传统工人阶级运动的理论，这时高兹面临着这样一个问题，是否进行社会主义革命，这个社会主义革命对待马克思主义理论要采取什么样的态度。对这一问题的回答决定了高兹 20 世纪 70 年代思想理论的转向。高兹没有完全抛弃马克思主义，而是结合现代工业社会的危机，寻找马克思主义政治经济学批判的新路径，或者说寻找"真正的马克思主义理论"。高兹发现必须结合马克思主义历史唯物主义和政治经济学批判的理论才能找到新的工人阶级运动的路径，找到解决现代工业社会危机的思路。高兹找到这样一条能够把马克思主义理论和现代工业发展现实结合起来的道路，就是构建生态社会主义。高兹的《政治生态学》《资本主义、社会主义、生态学》批判了传统苏联社会主义模式，介绍了先进的社会主义模式。高兹后期的思想是把存在主义马克思主义理论放入生态学马克思主义的范畴下去思考提出的。高兹把新工人阶级的劳动战略和抑制经济理性的社会运动联系起来，最后落实到生态理性代替经济理性的生态社会主义运动。高兹从存在主义马克思主义转向生态学马克思主义，把存在主义视域中涉及的自由、解放问题放置在马克思主义视域下来解决而形成生态学马克思主义路径。

2.1.2　高兹生态学马克思主义思想形成的社会背景

法国五月风暴革命主要是 1968 年 5 月在法国发生的一场学生罢课、工人罢工的群众运动，学生、工人和电影界人士等共同走向街头反对法国政府的专制统治。他们对工业文明发起挑战，反对消费社会、反对官僚体制。这场运动不是基于工人阶级无法忍受的贫困而发起的反对，而是一种对于现代资本主义丰裕的贫困的挑战。法国五月风暴以一种新型的工人阶级运动形式和传统工人阶级运动区别开来，这不仅仅是资本主义社会的危机，而且也是传统马克思主义理论和实践的危机。五月风暴遭到法国共产党的反对，法国共产党官僚专制统治和马克思主义构想相去甚远。当时面临着两个问题，如何对待传统马克思主义理论，以及如何处理现代工业社会异化现象。高兹正是在这样的问题背景下，提出以生态学马克思主义理论解决现代资本主义社会生态危机以及文化危机的方案。

除了在理论层面的争议，社会主义运动实践和传统理论之间的冲突也推动着高兹探索新的理论转向，新的社会政治运动构成高兹生态学马克思主义转向的现实背景。20世纪60年代后期兴起的新社会运动直接推动高兹把研究的重点转向生态领域。新社会运动包括生态运动、女权运动以及反战和平运动等，他们反对现存生活方式，反对以牺牲环境为代价换取经济发展，反对污染、核能源，反对歧视女性，其中比较突出的生态运动产生了绿党组织，不断提出新的理论指导社会运动。不同于阶级运动的新社会运动，女权运动、生态运动等已经无法再用传统的马克思主义理论来指导，社会学家面临着一个选择，这也是高兹面临的选择，那就是背离马克思主义还是坚持马克思主义。绿党倡导的生态学理论致力于探索人与自然之间的科学内容，指导经济、政治、技术等领域的活动实现生态发展。绿党构建的生态理论和在资本主义社会掀起的生态运动无疑影响着高兹构建生态社会主义的内容。

2.2　高兹生态学马克思主义思想的理论渊源

高兹生态学马克思主义理论吸收和借鉴了马克思主义资本主义批判理论以及科学社会主义的理论。高兹对于资本主义社会的考察没有离开马克思主义理论体系的历史唯物主义基础，高兹生态学马克思主义具有明显的政治经济学批判的特征。他的基础是历史唯物主义的，也是政治经济学的，是将历史唯物主义和政治经济学结合起来研究理解生态危机的政治生态学说。

2.2.1　马克思主义政治经济学批判理论

马克思批判资本主义生产关系的政治经济学原则构成高兹批判工业社会提出生态学马克思主义理论的重要来源。马克思超越德国古典哲学把近代哲学的任务从天国降到人间，开始对现实的社会关系的研究，并创立历史唯物主义的学说。从生产力与生产关系的矛盾运动中说明人类社会发展的一般规律，立足于历史唯物主义的基础内容，形成对资本主义生产关系的政治经济学批判。马克思指出人的本质是社会关系的总和，而经济关系在社会关系中占据主导地位。所以不能从概念出发规定人，而必须从现实的物质利益关系出发认识人与人之间的关系。马克思对德国哲学批判揭露了占基础地位的物质利益关系，提出要从作为社会存在的物质生产实践出发认识上层建筑的内容，对国民经济学的批判进一步揭露这种物质利益关系事实上已经变成奴役人的力量。至此马克思确立生产关系，特别是经济关系的基础地位，指出生产什么以及怎样生产决定了人成为什么样的人。通常一个人占有的社会生产条件决定他在社会中的地位，拥有同样利益关系的成员联合为一个阶级，历史上各个社会时期发生的阶级对抗都是利益关系的对抗。隶属于某一个阶级的身份决定了他们要为本阶级的利益而斗争，所以人类历史是阶级斗争的历史。通常统治阶级借助国家共同体的形式使本阶级的利益采取普遍的形式获得某种合法性在社会范围内争夺利益。马克思指出在阶级社会，统治阶级的利益总是谋求一种合法的表现形式，但我们必须明确归根结底是因为统治阶级占有社会的生产条件。马克思基于历史唯物主义理论对生产关系本质内容揭示后，才转向对资本主义生产关系的批判。马克思对资本主义制度的政治经济学批判通过分析资本运动的一般规律，在把握生产、消费、交换、分配各环节的关系中揭示了资本主义矛盾产生、变化、灭亡的一般规律，并从资本主义灭亡的必然性中阐明社会主义产生的必然性。

马克思从商品、资本、劳动这些经济学范畴出发对资本主义生产关系进行分析发现资本剥削劳动占有剩余价值的秘密。在资本主义生产方式下，资本家占有生产资料，而工人只剩下劳动力可以出卖，为了能够获得维持生活所必须的生活资料，工人出卖劳动力给资本。工人劳动创造的超出劳动力工资的部分被资本家无偿占有了，但在形式上这变成资本利润增殖的内容。马克思指出在资本主义社会异化劳动占据统治地位，异化劳动的结果造成资本家越来越富有，而工人阶级越来越贫穷。资本家和劳动者的关系是由资本和劳动的对立关系形成的，资本为了实现增殖的目的就必须使具体劳动转换为抽象劳动，转化为商品交换的关系。由此资本在人们的生活中形成一套实现资本增殖的逻辑，人与人之间的关系被物与物之间的关系取代，人的需求为资本增殖的需求而产生，同时资本逻辑在道德生活领域实行可以诱取邻居的黄金鸟的主张。资本生产的逻辑造成劳动异化、人的类本质的异化以及人与人的关系的异化。马克思回到生产关系的本质发现之所以资本实现对劳动的统治，归根结底是由于资本主义生产资料私有制的存在。生产资料归资本家所有，因而资本家掌握着社会政治、经济、文化、道德等领域的秩序。一切社会关系服从于经济利益关系，个人在生产和生活中受到自身之外的异己力量的统治，不仅人的主体地位丧失，而且是全面异化关系的生成。鉴于此，马克思指出资本主义生产资料私有制下资本主义生产关系在世界范围内确立，形成社会化的生产体系将从根本上反对生产资料私有制，最终周期性爆发的经济危机将导致工人阶级联合起来占有社会生产资料。马克思从资本主义基本矛盾发展的必然结果推导出工人阶级联合起来实现社会主义革命的前途。

马克思对资本主义生产关系的政治经济学批判原则构成高兹解读工业社会经济理性统治方式的基础。高兹基于马克思对资本逻辑的批判继承了对资本主义社会物质利益关系的批判。从启蒙运动以来一直是肯定私有财产、肯定物质财富创造的历史，马克思首次基于资本剥削关系对其进行批判，而高兹事实上也继承了这一立场。马克思找到资本这一剥削的根源，从劳动、分工、交往等方面分析异化的社会内容对于高兹影响很大，所以高兹的著作中集中阐述了现代工业社会劳动分工、就业以及消费等异化的内容。马克思对资本主义生产关系的政治经济学批判中涉及资本逻辑的作用方式以及其本质属性为高兹批判现代工业社会所把握。资本在经济关系的统治一定会通过对政治关系、伦理关系等社会关系的统治而实现。这就在于"统治阶级的思想在每一时代都是占统治地位的思想"①，支配社会物质生产关系也必然支配社会的精神内容。统治阶级的利益要通过政治组织和政治体制机制予以实现，所以高兹对文化、教育等意识形态领域的内容尤为重视。在高兹看来，"马克思对资本主义生产方式的批判就是对经济理性的批判"②，马克思关于资本逻辑的发现在高兹这里转化成经济理性的统治形式，高兹从马克思对资本主义制度的批判中直接把握到，占基础地位的物质利益关系造成资本主义社会异己的统治力量。资本逐利的本性以及无限追求利益的理性精神离不开资本这个范畴，高兹继承马克思政治经济批判的内容对现代工业社会异化内容进行分析和批判。只是高兹从批判资本主义的政治经济学原则过渡到政治生态学原则，从传统社会主义构想过渡到生态社会主义构想，可以说是对马克思的社

---

① 马克思恩格斯文集：第1卷[M]．北京：人民出版社，2009：550．

② 俞吾金，陈学明．国外马克思主义哲学流派新编（西方马克思主义卷下册）[M]．上海：复旦大学出版社，2002：599．

会主义理论的一次改造。高兹对资本主义和极权社会主义的批判确立实现每个人的自由而全面发展的社会目标，无疑是对马克思主义政治经济学批判的继承。

2.2.2　法兰克福学派的社会批判理论

从卢卡奇、科尔施等人开始，对资本主义社会的批判离开马克思政治经济学原则，转向对文化意识形态的批判。他们认为资本主义社会意识形态领域的"合法性"危机正取代发生在经济领域的危机，问题已经不是资本主义私有制造成的社会异化，而是一种自我施加的意识形态控制。卢卡奇认为物化意识不断削弱无产阶级的阶级意识，科尔施认为马克思主义哲学是随着资本主义废除而消失的意识形态。此后法兰克福学派代表人物霍克海默、阿多诺进一步延续并扩展了他们对于意识形态和阶级意识的分析。他们认为现代社会不仅仅是革命意识的丧失，更是让一种渗透到人性的支配精神占据主导地位，意识形态的统治使人们屈从于一切社会现实的异化形式，超出了经济外在的强制。法兰克福学派开启了对发达工业社会意识形态统治的批判，开启了对这样一种在工业文化背景下合法性统治形式的批判。以马尔库塞为代表的法兰克福学派系统地阐发了现代工业社会意识形态的内容，进一步从技术理性的角度阐发现代合法性危机形成的过程。马尔库塞指出技术理性统治成为现代社会新的统治形式，不断削弱成员的反抗逻辑而形成一个片面的、单向度的社会。霍克海默、阿多诺、马尔库塞、哈贝马斯等人继续马克思对资本主义社会的批判，并采取一条新的批判路径，开启了西方马克思主义批判资本主义社会和建构社会主义社会的新视角。

马尔库塞指出现代社会工具理性占主导地位，而价值理性则被排斥于社会秩序构建的准则之外。工具理性包括经济理性和技术理性的形式，经济理性追求利润最大化，而技术理性以一种可计量的、抽象的数理逻辑为基础助力经济发展能够团结一切社会力量服务于这个目标。技术理性通常会和经济理性结合起来形成一种技术—效率模式，操纵和控制人们的期望，消融人们反抗社会的意识，实现对社会各个领域内容的整合。所以马尔库塞认为技术理性已经成为一种意识形态，现代工业社会代替原来的暴力统治实现技术极权主义统治。马尔库塞较早指出经济理性和技术理性作为工具理性而实现统治社会的新形式，指出经济理性和技术理性建立起来的技术－效率模式使人们在舒适的生活中逐渐丧失反抗的维度，特别是造成人与自然关系的恶化。技术理性使经济生产作为最合法的目标击败了其他价值、道德的目标，使社会成员在一个庞大的机器生产系统面前无能为力。马尔库塞明确指出技术理性统治不仅在于整合一切力量提高生产效率，而且在于技术理性带着一种强制性的逻辑深入对人类社会关系的统治中，其中包括对自然的统治、对人自身的统治。在技术理性统治下，一切不能被整合到社会大系统中的内容都将被排除出去，而一切社会关系都以一种合理性的形式存在于社会生活的各个层面。以马尔库塞的技术理性批判理论为代表对资本主义的批判走向对资本主义合法性危机的批判。

马尔库塞围绕技术理性对资本主义社会进行了全面、多维的批判。马尔库塞发现技术理性对人的需要进行控制使资本逻辑能够顺利转化为合理的社会秩序。马尔库塞的虚假需要理论为批判现代资本主义社会提出新的视角，虚假需要理论被生态学马克思主义者继承用来批判资本主义消费文化和生态危机。虚假需要是被社会控制的需要，是社会需要转化为个人的需要。技术通过社会管理人们的生活、消费等内容操纵人的需要，或者遮蔽真实需要的维度，使人只能感受预设好的需要。为实现特定社会利益，消费、侵略、痛苦都会美化为正当的个人需要，总的说来社会统治集团会设法生产虚假需要从外部强加给个人。虚假需要是服务于资本统治需要的一个手段，在不断加强人们对金钱、物质等的欲望中刺激消费实现不断扩大资本主义生产的目的。可以说虚假需要把个人的幸福建立在无妄的需求中，不断奴役人的理性和精神追求，以至于最后让人们在社会营造的一种没有冲突的秩序中忘记自己的真实需求。虚假需要是现代工业社会特有的现象，而且只是技术发展的背景下才能实现的控制手段。这种新的异化形式是批判现代资本主义制度，认识人与自然关系、人与社会关系的关键。

技术理性统治最大的特点是它不停留于对经济领域的生产率的作用，而是一定设法从经济领域扩展到政治、文化以及日常生活领域。技术不仅仅成为经济生产的工具和帮手，利用技术理性的力量整合各个领域的规则、秩序，形成绝对一体化控制的社会。技术侵入到社会生活各个层面，通过大众传播媒介鼓吹一种易于整合和管理的社会生产方式和生活方式，现代社会技术理性已经把自然必然性、科学合理性都整合为社会合理性。"技术的进步扩展到整个统治和协调制度，创造出种种生活（和权力）形式，这些生活和形式似乎调和着反对这一制度的各种势力，并击败和拒斥以摆脱劳役和统治、获得自由的历史前景的名义而提出的所有抗议。"①马尔库塞认为资本主义现代社会最大的危机就是人们甚至无法意识到被支配、被控制的生活，无法意识到形式上人们自身作出自由选择的内容事实上是虚假的、被操纵的。政治统治的一切目的都可以预先设定在人们社会生活的各个领域，技术理性击败思维中否定性的纬度，只剩下肯定性的维度，所以马尔库塞说技术根本不是中立的，而是一种意识形态。

可见，高兹的生态学马克思主义思想还受到法兰克福学派关于科学技术是一种意识形态的观念的影响。霍克海默提出科技作为意识形态的思想，他对启蒙精神和工具理性的批判揭示了科学技术的意识形态功能。马尔库塞进一步指出了科技活动中的技术合理性本质上是一种统治的合理性或者说包含着一种支配的合理性。科学技术的发展创造了大量物质财富，在最大限度提升人们生活福利、满足人们物质需求的同时，却使得人们丧失了反抗精神，失去了精神自由。科技的进步创造了社会控制的发达资本主义形式，阻滞了人的理想解放，成为改变人们生活的政治现象，成为一种新的统治、压抑、剥削人的工具。由此，资本主义科学技术在提升人们利用和改造自然能力的同时，使得人越来越脱离与自然的天然联系，日复一日地重复着单调无聊的工作，逐渐在自己创造的世界中失去了鉴别能力，不能正确地认识自身。在《反革命与造反》中，马尔库塞把生态危机看作是人与自然关系的异化，是资本主义科学技术发展引发的政治危机和制度危机，正是资本主义的这种对科学技术的无限制滥用才造成了资本主义社会的"单向度"。法兰克福学派这种从科学技术、工具理性渗透到政治意识形态来把握资本主义生态危机的研究思路深刻影响了高兹，同时，"高兹立足经济基础告别工人阶级与法兰克福学

---

① 赫伯特·马尔库塞. 单向度的人——发达工业社会意识形态研究[M]. 刘继译. 上海：上海译文出版社，2008：3.

派激烈批判资本主义大众文化消磨掉工人阶级的历史使命，可以互作阐释"①。

2.2.3　列斐伏尔日常生活批判理论

存在主义马克思主义者列斐伏尔的日常生活批判理论影响了高兹对医疗、教育、就业等日常生活领域的批判。列斐伏尔直接促使高兹从直接批判生产领域的异化转向对消费、休闲、家庭领域异化内容的批判。列斐伏尔的日常生活批判理论促使高兹从存在主义的立场转向与马克思主义结合的存在主义马克思主义立场，或者应该说列斐伏尔在马克思主义政治经济学批判原则之外为高兹展开对资本主义的批判补充了具体的生活经验内容。法兰克福学派也关注到了日常生活领域，但是在分析意识形态统治的目标下个人体验，包括日常生活的体验侧重于批判一种神秘的意识控制，而没有充分考虑到经济基础的内容。马克思主义政治经济学批判虽然没有离开物质生产关系考察上层建筑的内容，但是立足于阶级分析资本主义生产方式和无产阶级状况，侧重于从一个阶级集团整体把握他们的生产和生活内容，更多获得的是一种神秘化的阶级意识。所以列斐伏尔认为政治经济学批判应当超越从抽象一般把握阶级生存状况，深入每个人具体式微的日常生活领域。在每个人日常且具体的生活中阐明资本统治的内容，将使批判更加有说服力。经济基础决定上层建筑，上层建筑反映经济基础的内容，但二者必须在日常生活中获得具体而直观的表征。

列斐伏尔指出现代资本主义社会通过侵占每个人的日常生活而实现一种全新的统治。列斐伏尔在其著作《日常生活批判》中对异化理论进行具体的阐述。资本占领日常生活领域，通过现代化的传播媒介，使个体在日常生活中丧失主体地位。"人在日常生活中丧失了自我，成为生活异化的牺牲品。"②列斐伏尔继承马克思的异化理论，也是从四个方面，即人与劳动产品、人与劳动过程、人与类本质以及人与自身的异化来分析人的异化。列斐伏尔指出人的社会生活已经全面异化，异化无处不在，存在于经济生活、政治生活、文化生活以及休闲生活之中。全面异化关系的形成始于金钱对人的异化，随后

---

① 巩在峰，吴宁. 安德烈·高兹的生态学马克思主义的理论溯源[J]. 江西师范大学学报(哲学社会科学版)，2014(5).
② 张一兵，胡大平. 西方马克思主义哲学的历史逻辑[M]. 南京：南京大学出版社，2003：169.

扩展到人的情感生活、道德生活中。列斐伏尔认为异化是最根本的矛盾，必须从日常生活的异化中揭露人与自然以及人与自身、人与社会的异化关系。列斐伏尔从异化的角度对资本主义社会的批判还是带有浓重的存在主义色彩，高兹也是在存在主义马克思主义视域下阐明其异化理论。列斐伏尔认为异化经常隐蔽在日常生活中，并非能直接转化为激烈的革命意识。无产阶级作为一个遭受普遍苦难的阶级，也不是一瞬间就站到资产阶级对立面形成革命的力量。日常生活中普遍沉闷、压抑的生活方式在这个阶级身上持续地发生，促使他们成长为具有大无畏精神的革命阶级。因此革命意识是人们在日常生活中反对直接、现实的压抑中上升到政治的高度而确立下来的。在这个意义上，列斐伏尔认为马克思主义理论首先是一种日常批判理论，其次才是政治革命理论。

　　日常生活当然最基本的内容是经济生活，列斐伏尔转向批判日常生活理论并不是放弃经济基础的决定性地位，而是要在对日常生活的批判中完成其政治经济学批判的任务。列斐伏尔将马克思主义政治经济学批判和日常生活批判结合起来的研究思路对高兹产生了极大的影响。列斐伏尔影响着高兹以日常生活理论补充马克思主义政治经济学批判，"将列斐伏尔的日常生活批判纳入马克思主义政治经济学批判框架内，将它提升到马克思主义对资本主义的总体批判氛围之内"①。在高兹看来，日常生活既包括经济基础的内容，也包括上层建筑的内容，结合日常生活的政治经济学批判能够避免停留于抽象地批判工人受剥削、受奴役的事实。对日常生活领域的批判构成高兹把握现代工业社会统治事实的重要手段，高兹指出资本主义经济理性无限制发展造成其他领域的异化，通过批判消费、文化等内容为经济理性设限就继承了列斐伏尔对日常生活的批判。从日常生活背后占统治地位的资本逻辑提出批判，并进一步指向对经济理性的批判，而如何限制经济理性则又回到在日常生活领域建立高于经济理性的合理性目标。对消费、劳动日常生活的批判对高兹的劳动理论产生了直接的影响。高兹认为应当远离劳动，而不是占有劳动，

---

① 温晓春. 资本、生态与自由——安德烈·高兹生态学马克思主义思想研究[D]. 复旦大学博士学位论文，2010：24.

就是基于日常生活中的真实感受而作出的判断。劳动已经不是人们生活的中心，对工人来说迫切需要增加休闲时间，减少劳动时间，并且要使劳动时间在真实意义上成为个人自由、休闲的时间。高兹基于日常生活中传统工人阶级意识的消失，指出现代工人要寻找一种新的阶级意识，而且日常生活和生产界限的消失，非生产性劳动增加而生产性劳动的减少，日益碎片化的已经无法形成一个在生产中联合起来的阶级，必须在生产劳动之外寻找联合的可能。

高兹的生态学马克思主义思想汲取了马克思主义、法兰克福学派和列斐伏尔存在主义等思想，在关注人类解放的前提下审视人与自然的关系及其现实应对等全球生态问题。梳理高兹生态学马克思主义思想的理论来源和内在逻辑，有助于理解马克思主义关于人与自然内在统一的理论，明确马克思主义是真正的自然主义和人道主义的统一，是"生态主义意义上的人本主义"和"人本主义意义上的生态主义的统一"[①]，从而更加深刻地认识和把握当代资本主义的生态危机及其本质，更加坚定地走中国特色社会主义的生态文明道路，建设人与自然和谐共生的现代化，为全球生态治理贡献中国智慧。

---

① 巩在峰，吴宁. 安德烈·高兹的生态学马克思主义的理论溯源[J]. 江西师范大学学报（哲学社会科学版），2014(5).

第 3 章　高兹生态学马克思主义思想的前提：政治经济学批判的新路径

高兹生态学马克思主义理论源于生态学原则和政治学原则结合起来处理经济学领域的问题。高兹以为资本主义异化的解决不能通过政治经济学批判去实现，但高兹指出经济理性是造成社会异化的根源，这样马克思关于物质利益关系的研究就转化为经济理性的限制。高兹认为对经济理性的批判不能仅在经济学领域进行，而应当通过在其他领域发展一种更高级的合理性抑制经济理性的扩张。马克思对资本主义经济利益关系进行批判的政治经济学原则就被高兹改写为一种生态学原则，可以说高兹生态学马克思主义开创了政治经济学批判的新路径。

3.1　对劳动的再认识

现代工业社会最显著的变化就是工人阶级劳动内容的变化。资本和劳动的对立关系在现代社会找不到直接的例证了，生产性劳动减少而非生产性劳动不断增加，现代社会进入一个工薪社会。劳动目标、性质、内容发生重大变化，高兹认为现代工业社会异化劳动的内容发生了变化，需要重新认识真正的劳动和劳动解放的问题。

3.1.1　"异化劳动"新解

高兹指出，20 世纪 80 年代的欧洲国家所创造的财富已经是 35 年前的三到四倍，但由于技术的进步以及效率的提高，所花费的劳动时间却没有增加三倍，甚至更少。劳动时间更少，而空闲时间更多，人类社会将不再是一个"生产者"的社会。劳动状况的这一变化将导致重复性的和纯粹执行性的工作从工薪劳动中退出，也就是说越来越多的生产性工人面临失业，工业领域的劳动者从中退出进入非工业领域。工业劳动将更需要掌握更多专业知识，具有独立、创新能力的复合型人才，他们更愿意吸引工业行业新专业人员的劳动。高兹通过对英、法、德、美等国的就业形势的分析，发现大约有30%～50%[①]的人口处于不稳定就业和失业的边缘。这样一个分崩离析的双面社会为解决闲置的劳动力，必须寻找最优的方式在社会生产率不断提高的前提下使所有人有工作，并且工作得又少又好，同时得到和其他全职就业不相上下的报酬。在商品经济和自由市场下，通过发展第三产业提供就业，大力发展服务行业，把闲散的、独立的劳动力组织起来成为社会普遍采取的发展方式。但是高兹发现现代服务业提供的劳动并不是像过去发展工业劳动对家庭自给自足的"生产性替代"，而是一种"非生产性替代"。工业劳动通过机械化以及专业化生产代替家庭自我生产生活用品的劳累和麻烦，而且以更优质的效果和更高的效率战胜个人自我生产产品所需的时间，无疑工业化节省了劳动时间并用以创造额外的财富。但是新的劳动代替工薪劳动并没有真实节省个人的劳动时间，只是购买他人的时间来代替自己劳动，事实上只是购买仆佣劳动而已，因为自己劳动一小时的酬金和雇佣他人一小时的酬金一样多。这种购买能力不是别的，是由于工薪劳动者的减少而减低的产品成本，作为永久就业的人的购买力反过来为排除出去的工薪劳动者提供就业。

高兹发现在当代资本主义生产方式下，要么选择全职的工作，要么选择失业，或者进入服务业。由于生产率提高而节省下来的劳动时间全部用以进行额外价值的生产。这样一种由于经济理性控制的生产方式导致劳动异化，人的生活也严重分化。社会明显表现出诸多矛盾，一方面社会不断生产着掌握专业知识的精英阶层，另一方面在生产着一个仆佣阶层，提高穷人的收入为工业生产的顺利实现消化产品，提高富人的收入为创造就业和劳动而服务。基于非生产性替代而建立的劳动就业不再能够节省社会成员的劳动时间，而是促使人们享受和挥霍劳动时间。这一改变了的经济逻辑将模糊在什么样的

---

① 安德烈·高兹. 资本主义，社会主义，生态　迷失与方向[M]. 彭姝祎译. 北京：商务印书馆，2018：28.

限度内自己承担劳动，在什么样的限度内可以发展有偿劳动。现在就业的发展和有偿劳动的发展正通过货币化和职业化的活动出售我们自给自足的活动，正把我们自己转化为商品并出售我们的生活，正在出售我们自由生存的基础。不断提高生产效率的经济发展模式会持续解放人们的劳动时间，但是人们并没有恰好平衡工作和闲暇，有偿劳动无法成为"个人身份认同和生活意义的主要来源"[①]。

在形式上资本生产不断降低对劳动力的需求，事实上不断降低的社会必要劳动通过额外的付薪劳动来补偿，异化劳动仍然是生活的中心。他们的时间仍然用于劳动，但是社会制度却遮蔽着劳动在社会关系中的重要作用。高兹认为恰恰是现代社会造成传统工薪劳动的消失，由资本利润推动生产取代劳动力买卖导致人与人之间的平等关系被人与人之间不平等的关系所代替。高兹割裂资本和劳动的这一点仍然有待商榷，但是这里高兹旗帜鲜明地反对资本对劳动的奴役和控制。高兹认为人们在劳动中无法认识到资本主义生产方式这一统治逻辑，无法认识到异化劳动对个人生活的控制。资本最大限度获取交换价值的目的同时改变了劳动的目的，因而在生产中越多越好的原则取代够了就好的原则，并在全球范围内推行消费主义的生活方式，不断营造一种虚假的需求来促进商品的交换。不论是全职劳动中获得的高工资还是服务业中获得的报酬最终都转化为过度消费、奢侈消费，通过消费补偿劳动中的异化内容。高兹想要批判有偿劳动的泛滥，在经济理性的控制下，劳动作为资本生产的工具不断把劳动的任务和命令强加给工人，不断突破工人身体的界限，不断突破工作日的道德界限，当然在发达工业社会中在生产效率和技术发展的条件下，通常采取隐蔽的方式。由此高兹认为资本对人的奴役不再是通过剥削剩余价值的方式来进行，而是通过普遍的工薪劳动的方式。

3.1.2　劳动的现代性内涵

高兹认为现代性的劳动和传统意义上的劳动概念不同。古代社会以家庭为生产单位，分别由男人、女人、老人以及儿童承担不同的事务，包括制造

---

① 安德列·高兹. 资本主义，社会主义，生态　迷失与方向[M]. 彭姝祎译. 北京：商务印书馆，2018：35.

生活用品，日常照料和看护、操劳、忙碌各种家庭事务。高兹认为先前劳动仅指谋生、照料、看管家庭事务的活动，而随着商品经济压倒自给自足的家庭经济，劳动突破家庭私人领域在社会公共领域中成为"一种可测算、交换和替换的供给"①，不再是仅仅面向家庭成员的行为，而是变成一种面向全体社会成员的抽象劳动。现代劳动相比古代家庭范围内的劳动，其制造、创造、生产等内容具有新的社会历史内涵，劳动"指的是面向他人、对他人有用或有使用价值并因此使提供者有权获得一定报偿或补偿的供给"②。在商品生产和商品交换的市场经济下，私人劳动必须转化为社会劳动才能实现其价值，具有这样三个特征：第一，劳动在公共空间中提供；第二，劳动面向社会个体，而非私人个体；第三，劳动商品化。高兹不仅从劳动的现代性内涵定义它，还从不同的形式进一步分析现代劳动。现代劳动作为制造性的劳动首先是与报酬相交换的职业活动，正如前文说的，非制造性的活动不过是代替全职人员的一种替代性劳动，本质上就是一种付薪劳动。另外，还有第三种无报偿的慈善活动，或者服务于自己的自由活动。事实上，第三产业中的劳动大部分也是从自我劳动中发展出来的，非职业的自由活动不过是另一种形式的制造性活动，自由活动是削减了工时的制造性的活动，该劳动和付薪劳动并没有区别。削减工时为自由活动创造时机，因为削减了的工时以另一种形式再度用于购买他人的劳动时间代替自己劳动。总的说来高兹发现现代社会劳动都是受到非物质化和专业化分工的规定。

劳动应当是成为对原材料进行加工改造的自主活动，"制造"是其基础，在此之上应当是成为自我实现的手段。高兹肯定作为"制造"的劳动是一种基本的历史需求，不需要预先设定，特别是在家庭范围内，为了成员的生存和生活制造所需的物品实现自主活动，于是有理由相信劳动能够在对周围世界的改造中体验到变成自主的、切实拥有自由的主体的需求。但是现代社会制造突破家庭的范围其内涵发生了根本的变化，因为制造不再依赖于一种基本

---

① 安德烈·高兹. 资本主义，社会主义，生态 迷失与方向[M]. 彭姝祎译. 北京：商务印书馆，2018：64.

② 安德烈·高兹. 资本主义，社会主义，生态 迷失与方向[M]. 彭姝祎译. 北京：商务印书馆，2018：65.

需要，而是和虚假需求相联系。劳动的这一内涵随着职业工人阶级的出现而出现，它更接近掌握一定制造工艺的工人，因而劳动具有"创造性""制造性"的内容。现在劳动成为自主活动的可能性正在消失，劳动的进程和目标都是预先规定的，可以说高兹发现了劳动作为谋生的基础性功能，只是他认为现代劳动的本质内容已经发生根本性的变化。在"劳动就是生活"的人生信条下，把劳动当作职业的劳动意识形态恰恰是妨碍了自我的实现。现代社会存在的就业和职业不是"真"劳动，而是"假"劳动，人们在现代生产和管理方式下能够充分感受到专业化、职业化对自身的异化，并产生将劳动转化为自主活动的需求。

"把劳动解放出来并转变为自主活动的渴望是真劳动的本质和异化所固有的。"①现代脑力劳动者、信息技术和服务业从业者无法从劳动中获得发展自我的感知能力和实践能力，而必须在劳动之外。因此高兹认为"真劳动"和个人赖以维生的劳动没有关系，"真劳动"恰恰是我们不"在劳动状态"时所从事的劳动②。高兹把马克思解放劳动的命题改造为从劳动中解放出来。高兹发现解放劳动需要对劳动的性质、组织、岗位以及技术和进程重新规定，从而使劳动者的感知能力、体力、智力充分发展。马克思历史唯物主义认为通过改变劳动，让人们获得休闲和娱乐的能力。即使劳动已经变成人类作用于生产资料而实现其生存和存在的实践活动，很明显现在只有一部分人留在物质生产领域，大部分人处于非生产性领域中而没有娱乐、休闲的时间。高兹认为按照历史唯物主义的方法根本无解，因为如果不首先产生空闲和娱乐的时间，就无法改变劳动。因而必须是首先使人们在劳动之外获得发展自己的空间，其对劳动的改造是把劳动削减至最少，这样高兹就把这一问题变成从劳动中得到解放优先于把劳动解放出来。高兹认为缩减劳动时间为个人自主活动创造条件成为实现"真劳动"必要而不充分的条件。从劳动中解放出来，改变非生产性的劳动，把劳动变成充分发展的"制造性活动"。当不断缩减劳动时间

---

① 安德列·高兹. 资本主义，社会主义，生态　迷失与方向[M]. 彭姝祎译. 北京：商务印书馆，2018：69.
② 安德列·高兹. 资本主义，社会主义，生态　迷失与方向[M]. 彭姝祎译. 北京：商务印书馆，2018：70.

实现越来越少的就业，那劳动就不再成为阻碍人发展的力量，劳动自身获得解放，因而变成一种"真劳动"。

马克思认为劳动一方面指作为谋生的活动，另一方面指人的创造性的活动。在此基础上，马克思进而强调，现代资本主义社会劳动只是一味下降为谋生的手段，才违背了人的类本质，因而提出通过解放劳动实现创造性的活动。自由活动就在于劳动成为人自由自觉的活动，是把谋生和创造统一起来的劳动。高兹认为的"真劳动"，即自主活动在作为谋生的活动之外。高兹在必要的劳动之外寻找自由的空间，他看到人不可避免的劳动内容，但是却割裂劳动和自由的关系，在批判异化劳动中，不是把"真劳动"放在异化劳动的对立面，而是在把异化劳动降低到最低程度的意义上确立"真劳动"的内容。其潜台词是劳动都是异化的，不能通过彻底消灭异化而实现自由劳动，是在最低限度的异化中实现自主活动。高兹没有正确认识异化劳动，也没有认识到异化劳动包含着转化为自主活动的力量。他认为现代劳动不可避免地走向异化，事实上是对异化劳动的全盘否定。高兹关于"真劳动"的理解是把"异化劳动"限制在所谓合理性的范围内而为个人自主活动建立空间。

3.1.3　劳动解放与时间自由

高兹和马克思都要寻找真的劳动，他们之间关于劳动概念本质认识的不同根本在于如何实现劳动解放这一问题上。马克思在解放劳动的意义上认为劳动应当是人自由的实现，而高兹却认为应当从劳动中解放出来，在劳动之外实现人的自由。高兹认为当今劳动已经不能用来作为自主活动的基础，现时代和马克思所处的时代的本质区别就在于人们将在劳动之外实现社会化和发展才智。当代劳动缺乏自主性和独立性，对劳动的批评指向人们应当发展不再属于劳动的自主活动。高兹认为个人自由的实现不是以劳动为前提的，青年人渴望高度自决的劳动，渴望正规就业，渴望越来越晚进入职业，渴望越来越少的劳动。高兹并不是主张由雇主决定劳动的内容和性质，完全放弃改造劳动达至自主活动的可能性。高兹继承马克思关于异化劳动的论述想要从一个新的角度消除异化劳动的内容。劳动已经不可避免地是异化的了，对高兹来说目的在于对资本主义劳动方式进行改造，对劳动分工进行改造。高兹并不是真的要保留异化劳动，而是其消除异化劳动的方式就是最小限度地保留劳动的异化形式，他以为减少付薪劳动不使其成为生活的中心就是在为个人创造"真劳动"，高兹以为异化劳动将通过不断扩大个人自主活动的时间和空间得以解决，自主活动不直接是劳动的彻底解放，而是寻求高度自决的劳动，其关于劳动的认识已经远离马克思自由自觉的活动。鉴于自主活动是包含着劳动的非劳动状态，一方面必须保留必要的社会劳动，另一方面就要在社会劳动之外寻找自我劳动的空间（这是和现代社会劳动完全不同的内容），因而其劳动解放的路径转向构建自主劳动和他主劳动两个领域。高兹认为必须在协调现存的工业制度以及工薪工作中，"从现存劳动中解放出来，在劳动中最大限度地找到自决潜能"①。

消灭异化劳动首先在于时间的解放，高兹认为人们日益渴望更少的劳动时间，与工作拉开距离，要在劳动之外寻找自主活动的时间，全面实现人的聪明才智。高兹主张通过减少劳动时间，增加自由时间，通过时间的解放最大限度发掘个人在劳动中自决的能力化解当前劳动异化导致的危机。时间解放对于劳动的意义首先在于缩减社会必要劳动时间，使每个人必须以谋生为目的的劳动比重不断缩减，从根本上改变资本主义社会付薪劳动盛行的现状，同时增加自由时间为能够实现全面自由发展提供可能性。在高兹看来，使劳动时间减少到最少是为了使每个人都可以从事劳动，从而实现劳动成为人自由自觉的活动。削减劳动时间一方面削弱了个人在社会化过程中基于劳动分工受到异化，另一方面扩大个人和集体自决活动的空间。因此削减劳动时间是个人解放的必要的前提，但是却不是充分的条件。现代生产技术－效率模式的盛行，导致正规劳动时间的减少，但是并没有真正实现时间解放。时间解放在于消灭付薪劳动，而现代资本主义生产下社会必要劳动时间减少并没有从根本上消灭付薪劳动，所以劳动时间的减少并不必然导致个人的解放，或者说应当寻找高兹关于时间解放的深层内涵。在现代快速发展的服务业下，常常削减了的工时以另一种形式再度用于购买他人的劳动时间代替自己劳动。高兹拒绝将劳动概念延伸至"自主活动"，就是因为削减劳动时间给人们更多

---

① 安德列·高兹. 资本主义，社会主义，生态　迷失与方向[M]. 彭姝祎译. 北京：商务印书馆，2018：80.

自主活动的时间并不等于实现劳动解放，劳动有其构成的文化基础并受其制约。

现代劳动方式、劳动节奏、劳动时间处于现代经济系统的控制下，个人自决和自我管理的时间和空间大大缩减。高兹指出现代劳动以普遍的商品形式导致他主劳动不断侵占自主劳动的空间，减少劳动时间并没有增加自由时间，是因为减少了的时间只是减少了他主劳动的时间，而减少他主劳动时间并不能直接增加自由时间。他主劳动时间的减少可以说降低了个人生活的成本，为资本家节省劳动力工资，而并没有真正地消灭经济理性控制的付薪劳动，必须要在他主劳动之外寻找个人自决、自主活动的领域。在现代分工条件下，由于他主劳动对自主劳动空间的侵占，劳动时间以外的自由时间仍然受到经济理性的控制。劳动时间的减少不能转化为闲暇时无止境的消费，否则劳动还是无法得以解放。事实上现代第三产业中发展出来的非正规劳动就是由于消费刺激而推动的，高薪精英的收入很大部分用来雇佣他人从事非生产性替代活动，转化为个人的高消费的生活内容。根本地还是由于经济理性的控制，社会成员以倒退的方式走出了劳动文明，大把空闲的时间也无法期待之变成自己可自由支配的时间，因为人们的空暇时间常常以无止境的消费来填充。时间解放应当在提高劳动生产率的意义上使节省出来的劳动时间造福于所有人。时间解放在于个人自主管理自己劳动时间的同时提升社会所有成员的工作环境。时间解放在于使经济理性退出人们的劳动时间和自由时间，寻求劳动和闲暇的统一，不仅劳动从资本主义经济逻辑下挣脱出来，而且要把经济理性从闲暇生活中驱逐出去。在闲暇时间压倒劳动时间的时候，劳动必然为每个人自主施展其才智、能力提供空间。

3.2　对革命主体的再认识

高兹认为传统工人阶级的结构发生了变化，一部分是由精英、知识分子组成，一部分沦为不稳定的、非正规的就业者。新的工人阶级在资本主义生产过程之外形成的一种非力量，不再是占有劳动而是远离劳动，这一主体力量的变化必然导致革命任务的变化。非工人的非阶级作为革命的主体，需要根据革命力量的变化重新寻找社会主义运动的方向。

3.2.1 "非工人的非阶级"的产生

马克思认为迄今为止人类历史是阶级斗争的历史，无产阶级是现代资产阶级生产关系的产物，他们在大机器生产及劳动分工中，丧失了任何独立的性质，成为机器的附属。工人或者无产阶级每天以维持最低限度的物质生活资料作为劳动的目的，他们必须消灭异化劳动，才能消灭自身所属的这个阶级。只要资产阶级的生产条件是占支配地位的社会条件，无产阶级就无法改变其现状，无产阶级必须废除现存资产阶级存在和统治的条件，才能改变自己被剥削、被奴役的境况。他们要求废除自己现存的占有和劳动方式，因而要求废除资本对雇佣劳动的对立关系。无产阶级作为一个普遍的阶级，由于自己受的苦难具有普遍性，无产阶级没有什么需要保护的，却可以摧毁迄今为止建立的社会秩序，无产阶级没有什么私人利益，他们将在谋求最大多数人的解放中实现自身的解放。资本家财富的增长依赖于雇佣工人贫困的生产，现在工人阶级在资本主义生产中成长为革命的力量，可以说资本主义生产了自己的掘墓人——无产阶级。"无产阶级宣告迄今为止的世界制度的解体，只不过是揭示自己本身的存在的秘密。"①因而在马克思看来，实行无产阶级革命消灭旧的生产关系，不仅消灭资产阶级，而且消灭自己本阶级的统治，实现每一个人自由而全面的发展。然而，高兹认为现代工人阶级的内容、地位、境况都发生了变化，已经不再具有变革资本主义生产关系的力量。高兹认为发达工业社会发展使工人阶级很大程度上脱离贫困、悲惨的生活境况，他们成为较富裕的工人阶级，因此高兹主张后工业社会革命的主体发生了变化。

工人在生产中组织方式的变化以及现代分工和管理方式的变化都导致现代工人身份内容、地位以及性质的变化。现代发达工业社会技术的进步推动工人阶级结构发生改变，从事脑力劳动的白领工人增多，而从事体力劳动的蓝领工人越来越少。在白领阶层中，还分为稳定地占据资本生产中心的精英阶层以及由专家、工程师、技术人员、教师、学生、雇员组成的中间阶层。这个精英阶层和中间阶层构成现代"新工人阶级"，在《劳工战略》一书中，高兹提倡以"新工人阶级"作为整个工人阶级的先锋，改变传统劳动运动的模式，

---

① 马克思恩格斯文集：第 1 卷 [M]. 北京：人民出版社，2009：17.

主张一种无政府主义的结构改革战略。高兹从《劳工战略》到《告别工人阶级》经历从新工人阶级到后工业的新的无产阶级认识的转变。在《告别工人阶级》时期，高兹放弃把新工人阶级作为革命的主体，提出要告别工人阶级，把社会变革的希望寄托在"非工人的非阶级"①上。事实上非工人的非阶级是对其新工人阶级理论的发展，新工人阶级在其内涵上指代一个有产的工人阶级，而忽视了日益边缘化或者处于失业状态的工人。他们和传统工人阶级不同，他们成为日益逃离正规工作场所的非工人。"这个非阶级包括所有那些由于劳动的废除而从生产中被驱逐出去的人，或者所有那些由于脑力劳动的工业化(指自动化和计算机化)而其能力未能充分加以运用的人。它包括当前社会生产中所多余的人，无论是永久性的还是暂时性的，部分的还是完全的，他们都潜在地或实际地失业"②。高兹也称"非工人的非阶级"为"后工业的新的无产阶级"，用非工人的非阶级代替新工人阶级更能够在境况上接近马克思关于无产阶级的内涵。

不论是新无产阶级还是新工人阶级都和传统的工人阶级不同，新无产阶级是非工人的阶级，新工人阶段是非无产的工人阶级。高兹做出这一战略转变，对工人阶级的内涵的重新解构集中在阐明工人阶级和无产阶级的差异上。传统工人阶级构成无产阶级，而现代工人阶级却不再是无产阶级，现代的无产阶级和工人阶级却具有非工人和非阶级的性质。也就是说，说他们是非工人的非阶级，是和传统工人阶级比较得出的结果。现代工人严格上说是由一批精英、脑力劳动者构成的，或者说白领或中间阶层不是传统意义上的工人。而非正规就业的大批失业工人在非生产性的场域中正逐渐丧失传统工人的阶级属性。和传统工人阶级相比，现代白领阶层和边缘化的失业工人都是非工人的非阶级性存在。"非工人"是指他们无法在生产过程中形成工人的特质，

---

① "非工人的非阶级"是高兹要重新寻找的革命动力和新的历史主体，有时他也称为"后工业新无产阶级""后工业无产阶级的非阶级"。在《告别工人阶级》中，高兹的"非工人"意指它具有与传统工人阶级不同的特点，是一个"自由的主体性"，或者说是一种"非力量"。"非阶级"则用来表示超越经济理性和外在限制的个人自主范围的社会领域的减少过程。因此，高兹的"非工人的非阶级"思想强调在斗争中重新占有劳动过程的自决能力，是"自由的主体性"，其具有的主体意识是自觉的、自由的。

② Andre Gorz. Farewell to the working Class: an essay on post-in-dustrial socialism [M]. London: Pluto Press, 1982: 75.

从事劳动的人"既不是根据'它的'工作来定义自身，也不能根据它在社会生产过程中的地位来被定义"①。由于他们无法在工作中获得对自身身份的认同，所以他们也不是一个可识别、可组织的阶层。"非阶级"表明他们与任何阶级集团、特定的阶级利益以及历史使命无关，虽然高兹用非工人的非阶级代替传统工人阶级作为革命的主体，但并不是指这个群体获得和工人阶级同样的主体地位，承担特定的历史使命，事实上他们不是一个社会的主体。高兹从现代资本主义生产关系中析出"非工人的非阶级"这一成分，仍然是资本主义危机和资本主义生产的社会关系分解的产物，只是他们不是从资本和劳动的对立中衍生而来，而是从庞大的科技-官僚同反对技术化、专业化需求的对立中形成。高兹关于非工人的非阶级的论述是在现代社会对马克思传统工人阶级理论的一次改造，其关于新工人阶级理论的发展意在突破对现代资本主义生产关系的认知，从阶级主体的变化把社会主义运动引向女权运动、生态运动等新社会运动。

3.2.2　"非工人的非阶级"的内涵

高兹超越传统工人阶级理论发展的新工人阶级就是一种"非工人的非阶级"，它不仅包括传统工人阶级，还包括暂时或者永久地被驱逐出生产中的人，也包括兼职的或者全职的正在生产当中的人。"非工人的非阶级"事实上是无法在资本主义生产中找到一席之地的编外成员。不论是正在生产中的正规就业者，还是被驱逐出生产的失业者，他们都构成"非工人的非阶级"广阔的社会基础。他们的工作无法形成他们的社会关系，因而无法决定他们成为什么样的人。因而"非工人的非阶级"不是资本主义生产的产物，因而也就不带有传统工人阶级的特质。高兹在物质生产关系之外寻找解释个人的身份和地位，首先抛开经济关系作为社会关系的基础这一前提。马克思无论何时都承认物质生产活动带给人对象性力量的实现，而高兹则是要抛弃这一前提。所以高兹在异化劳动的基础上认为工人在生产中成为自动化生产的一个环节，他们像一个齿轮一样被驱动着劳动。马克思并不否认工人在工业生产中自主

---

① Andre Gorz. Farewell to the working Class：an essay on post-in-dustrial socialism［M］. London：Pluto Press，1982：70.

性和创造性的丧失，但是马克思认为工人阶级能够在劳动中获得扬弃异化的力量。

高兹同马克思的分歧就在于对待劳动的态度上，高兹指出劳动方式以及内容的变革造成工人阶级的变化，集中体现为现代工人阶级对生产的控制力逐渐下降，"工作现在外在于工人，物化为一种非有机的过程，工人遭遇的是业已完成的工作，他们并没有亲自完成这一工作。"①可以说"非工人的非阶级"是外在于资本主义生产关系的一个群体，他们还无法由于其劳动内容和工作方式成为一个阶级。在先进的工业生产中，现代工人生产成品的某个零部件，这种专业化的分工，无论是作为技术性的白领工人，还是从事简单机械性工序的蓝领工人，他们都"无法将自己的工作看作通过脑力和体力改造感官世界的创造性活动"②。此外高兹认为人们主要从事的政府部门、教育、医疗、银行等部门具有明显的非物化特性，使得现代个人劳动更加难以衡量。传统工人阶级可以凭借自己的劳动技能实现改造客观世界的对象性力量，而现代复合型工人取代传统工人，无法凭借劳动获得关于自己生命的意义和价值，相反，他们必须与工作拉开距离，必须拒斥工作，拒斥作为一个功能性工人的内容。"对工人而言，这不再是在工作中将自己解放出来，把自己置于控制工作的地位，或在他们的工作的框架内夺取权力的问题"。现在的关键是通过拒斥工作的性质、内容、必要性和形式而使自身从劳动中解放出来③。对"非工人的非阶级"来说，不是占有劳动，而是废除劳动，实现劳动解放要首先从劳动中解放出来。

"非工人的非阶级"不仅体现为对劳动具有不同意义的阶层，而且具有变化了的阶级意识。近乎一半的从业人员没有稳定的就业和全日制的工作，只有一小部分的人实现稳定的全职就业，大部分人无法通过劳动融入一个生产性团体，并在社会中找到自己的位置和归属感。过去以资本对劳动的统治为

---

① Andre Gorz. Farewell to the working Class： an essay on post-in-dustrial socialism ［M］. London：Pluto Press，1982：38.

② 安德烈·高兹. 资本主义，社会主义，生态 迷失与方向［M］. 彭姝祎译. 北京：商务印书馆，2018：84.

③ Andre Gorz. Farewell to the working Class： an essay on post-in-dustrial socialism ［M］. London：Pluto Press，1982：67.

内容的资产阶级意识形态既是资产阶级实现统治的方式，也是无产阶级反抗资产阶级统治的切入点。尽管资本家在自由以及平等的理性法则下可以主张资本雇佣劳动生产财富具有天然的合理性，无产阶级也可以提出反对，私有财产不过是异化劳动的结果，所以资产阶级的意识形态的实现同时包含着工人反抗资本统治的阶级意识。传统工人阶级在对抗资本主义的意识形态中发起对资本主义私有制的挑战，但是现代劳动和工人的分离，技术对劳动逻辑的融合使工人甚至无法反对劳动，加上工人工资水平的提高，特别是在全职工人和非全日制工人之间执行的工资标准，使资本剥削劳动的内容彻底隐藏起来。由于全职工人是按待命状态和能够到场解决问题获得报酬，非全职工人表现为根据劳动时间支付报酬，这种剥削不会被看作是资本统治的结果。

　　资本主义原来的意识形态不再发生作用，在技术逻辑的异化下资本主义的意识形态采取一种变型。原来资产阶级意识形态的作用的内容、方式发生变化，现代工人阶级的意识也发生变化。传统工人阶级反抗资本主义的意识形态内容丧失，现代工人由于技术理性对其反抗逻辑的削弱，工人阶级在经济理性合法性的逻辑统治下抑制作为一个阶级的需求，特别是从职业中产生对自身身份的认同。劳动者无法在劳动中产生对生产职责的认同，甚至无法产生对资本逻辑的反抗意识。新工人阶级不再能够在资本对劳动的剥削关系中产生阶级对立意识，相反他们的劳动和资本逻辑出乎意料地融合在一起。至于占据资本核心的精英阶层，他们依靠资本，他们的工作完全和资本统治的逻辑相一致，因而在工作中实现的自豪感不可能给工人阶级的阶级意识留有空间。现代无产阶级被剥夺了独立性和创造性，失去了关于自身使命的"阶级意识"和对资本主义的批判意识。归属于一个阶级的一切意识和感觉消失，他们没有获得工人阶级的意识，而是处于资本主义意识形态的控制下。"非工人的非阶级"需要产生一种新的阶级意识，这种新的意识构成这一群体进行社会主义革命的新的基础。

3.2.3　"非工人的非阶级"的出路

　　由于现代工人无法通过劳动认同其生产职责，也无法在劳动中以劳动者的身份提出对资本主义统治关系的反抗，而是以超越职业的身份，以居民、乘客、消费者或者父母的身份提出或者感知资本主义的统治。对资本主义的批判因而也不是出自在劳动中形成的阶级意识，而是来自他们作为居民、乘客以及消费者的生活经验，是他们日益感到被剥夺了生活的空间和休闲的时间。不仅要求实现对其生产职责的认同，而且需要发展更为广泛的归属感、责任感，这些归属感、责任感在劳动中无法实现，因为社会政治文化内容已经不能通过劳动及其对生产职责的认同来实现。人们将自己的雄心壮志转移到职业劳动以外的地方，他们更喜欢阶段性的就业，喜欢有更多的时间从事文娱活动。但是过去建立在劳动成果之上的工薪关系已经过时，不论是全职就业者还是非全职就业者，他们受到劳动时间的统治。传统以劳动成果为基准的工薪关系被以劳动时间为标准的工薪关系所代替，无论是存在于服务业的非正规就业，还是正规就业，他们以提供部分劳动时间或者是随时待命作为获取劳动报酬的依据。像从事服务业的雇员，他们直接都是"在岗"，而非"在劳动"。现代资本将通过掌握工人的劳动时间使之屈服于资本的力量，脆弱的工业者主要的任务不是生产多少产品，而是需要随叫随到，劳动时间将越来越在其中发挥统治作用。随着生产技术的发展，解放大批劳动力，将要求越来越少的劳动，资本主义现代生产释放了大量的时间，但同时也产生新的统治形式。

现代工薪关系对工人而言是资本主义经济逻辑的产物，但是它不符合工人更好生活的标准。非全职的服务类工人想要改变由于失业压力造成他们出卖自己的时间给精英阶层的状况，他们在形式上时间自由，但实质上他们并没有足够的财富保障他们劳动的自由，事实上连他们的充裕时间也是一种被迫不劳动。所以非全职者希求能够自由决定他们在一段时间内是否劳动。而全职正规职业者，他们想要减少每年、每月、每天的劳动时间，但是也不是像现代非全职就业者那样被迫不劳动。高兹认为削减工时是上述两个阶层迫切要求实现的目标，要求在劳动之外获得工作和生活自决的空间。他们对劳动的要求不再是充分且足够的劳动分配给所有人，而是在劳动之外增加旅行、休闲以及改变的权利。对于新的工人阶级而言，他们将通过削减劳动时间废除现代等级，实现时间的解放，也是实现劳动的解放。削减工时的意义在于使现代"非工人的非阶级"在现代资产阶级生产关系的范围内联合起来拒绝劳动的现代性内容，把劳动置于他的控制之下。削减工时构成劳动解放的重要因素，与劳动拉开距离也不是拒绝劳动，而是为了使劳动成为自主性的创造性活动。这是现代工人阶级的革命目标，通过削减工时为每个人提供更多可自由支配的时间，这些时间真正成为个人解放的条件，"每个人可以视自己的具体情况来使用这段时间，或学习充电，或更换工作，或体验另一种生活或职业生活之外的'第二生命'"①。

在传统的工人阶级理论中，马克思认为工人阶级能够在劳动中冲破异化向自由本身复归。工人阶级在占有生产力总和的基础上将获得扬弃异化的力量，因此马克思对工人阶级的历史使命做出判断，联合起来占有社会生产资料，使社会的生产条件变成工人阶级的生产条件。在马克思的角度上歌颂劳动，也是对工人阶级力量的认同，即提出工人阶级在劳动中对资产阶级的合法性统治发出挑战。现代社会不能再歌颂劳动，因为工业领域的从业者中间出现断层，一小部分掌握先进技术的新兴专业人员掌握着生产的主导权，在精英劳动者之外存在较大比例的程序员，还有逐渐退出工业领域的外围劳动者。正是因为新兴专业人员的劳动决定其他工业人员的从业内容，也造成半熟练工人逐渐被淘汰出局，沦为失业者和不稳定就业者。所以再也不能歌颂劳动，歌颂的只能是精英阶层的劳动，而不是工人阶级的劳动，一味地歌颂劳动将推动精英阶层和工人阶级出现分化。不能再歌颂劳动，因为工人阶级已经无法在劳动中团结起来，社会冲突突破劳动冲突向着社会政治、文化、生态等层面展开。

在高兹看来，传统无产阶级的暴力革命不再适应时代发展的要求。高兹认为阶级划分和阶级斗争的理论都已过时，他认为资本主义生产条件无法为工人阶级占有生产资料提供条件，传统工人阶级显现对资本主义经济危机巨大的克服力、对尖锐矛盾的化解。现在生产体系和社会结构都发生了变化，现代工人阶级无法在社会生产中找到自己的位置，因而无法在现代的生活空间中把占有资本主义的生产方式作为自己的目标。劳动者反抗资本主义剥削的动力并非来自其劳动能力，也非对职业身份的认同，而是职业以外的生活

---

① 安德烈·高兹. 资本主义，社会主义，生态　迷失与方向[M]. 彭姝祎译. 北京：商务印书馆，2018：92.

经验。过去传统工人阶级的使命是掌握全部生产力，在劳动中发挥其聪明才干，现在"工人阶级不要再幻想从技术能力中衍生出执政和占有生产资料的使命"①。虽然和传统工人阶级革命相比，失去了一个核心的"革命阵线"，但是阶级冲突没有消失。对于现代工人阶级来说，通过和工作拉开距离，对工作的经济、文化以及社会功能进行反思，进一步在非工作时间发展和关注非经济活动，实现对环境的伦理关怀和人际交往的生态转向。高兹以"非工人的非阶级"定义这样一个群体，就是指代一个从工作之外寻找实现自我、发展自我的新阶层。他们将通过生产之外的身份对现代经济以及消费的方式提出质疑，将工薪劳动置于更广阔的背景之下进行反思，推动经济生产符合生产要求，以更少的消耗和更少的污染组织经济生产，进而推动人们更好的生活。

3.3　对政治经济学的生态改革

高兹生态社会主义构想是在生态领域解决资本主义危机的构想。马克思认为资本主义生产关系的核心，资本主义私有制和社会化生产的矛盾将导致资本主义经济危机，由此马克思从资本和劳动的对立关系中解答了工人阶级被剥削、社会关系受统治的根本原因。高兹没有离开物质生产领域的利益问题去思考现代社会的矛盾，只是马克思批判资本主义的政治经济学原则在高兹这里转化为对政治经济学原则的生态批判。

3.3.1　生态危机取代经济危机

高兹认为，鉴于劳动形态以及工人阶级性质的变化，其革命任务也必将做出改变。马克思指出资本和劳动的对立是工人阶级受到剥削的根本原因，随着资本主义生产的不断扩大，而没有相应的购买能力就会导致出现生产过剩引起经济危机。高兹认为现代社会不再表现为资本和劳动的对立，非生产性劳动代替生产性劳动，劳动者无法从劳动中产生出反抗资本的阶级意识，他们能感知到的冲突、对立来自劳动之外的生活。革命的主体也不再是传统工人阶级，而是一个"非工人的非阶级"，他们不再是和资产阶级相对立的一

---

① 安德烈·高兹. 资本主义，社会主义，生态　迷失与方向[M]. 彭姝祎译. 北京：商务印书馆，2018：94.

个无产阶级，也不需要通过占有资本的生产条件而改变贫困的地位。"非工人的非阶级"就代表着这是一个在经济领域之外发挥作用的阶层，他们不再直接表现为受资本剥削，而是受经济理性的驱动，他们不得不劳动而无法自决其休闲和放松的自由。现代革命主体和劳动内容变化的背后是现代社会成员处境的变化，资本主义现代生产使大批工人从工业领域退出，没有沦为流亡无产阶级，而是在服务业从事非生产性劳动。他们遇到的最大问题不是没有购买力，而是不断地消费；不是贫困，而是生态环境的日益破坏。总的来说，资本主义现代生产境况的变化没有像马克思预测的那样，周期性爆发经济危机从而消灭资本主义制度，高兹认为劳动和阶级内容的变化致使资本主义的矛盾不再是表现为经济危机。从生态理性的原则和立场出发，高兹用生态学的思维方式和马克思主义的立场观点方法，指明了现代资本主义的危机本质上是生态危机，生态危机或者资本主义生产方式的反生态性是其内在固有的本质。因此，工人阶级面临的革命任务不再是解决经济危机，而是如何处理生态危机。现代资本主义危机集中表现为资本主义生态危机，高兹的新工人阶级理论向批判资本主义生态危机延伸，不仅需要工人阶级反对资本主义经济理性引起的生态危机，而且需要"非工人的非阶级"在生产领域之外的政治、文化、生态领域进行斗争。

资本主义生产逻辑受经济理性的支配，经济理性以追求利益最大化为目的，必然给人类生态环境造成难以承受的压力。高兹指出传统马克思主义理论认为资本主义的经济危机将导致资本主义制度的解体，在这里，他用经济理性代替资本逻辑，把资本主义的基本矛盾转化为经济理性的作用方式。在高兹看来，资本主义的危机不在于经济领域，因而把马克思关于资本主义私有制和社会化大生产之间的矛盾转化为经济理性不受控制的结果。马克思主张资本主义私有制造成周期性爆发经济危机，社会划分为两大阶级，资产阶级和无产阶级，最终会通过无产阶级掌握社会生产力总和的社会主义运动而消灭资本主义私有制。以经济理性解释资本作用的方式、规律，是把它转化为物质利益生产的一般方式，从而消融了资本特殊的历史规定性。事实上近代以来，没有离开说明物质利益生产这个问题，早期古典经济学从劳动出发为利益生产寻找合理性的基础，而马克思肯定劳动创造财富的内容，也提出了抽象劳动对人的统治，从而揭开了资本剥削的秘密。此后不少哲学家开始设法回答这个问题，即如何说明财富增长同时带来贫困。现代社会这一问题的社会历史背景发生变化，社会贫困问题不再突出，全球性的生态问题却日益突出。所以高兹等生态学马克思主义者转向生态领域并把这一问题转化为经济利益生产和生态之间的矛盾。可以说，资本主义对人类社会的统治仍然是问题的根本。他用经济理性解释现代资本主义的生产方式，没有离开马克思的历史唯物主义基础，只是在寻找新的方式解释利益生产这个问题。资本主义基本矛盾转换为经济理性和生活、文化等理性内容之间的矛盾，因为高兹认为现代资本主义社会不再面临经济领域的危机，而是生态领域的危机。

高兹认为所谓资本逻辑的内涵不过就是经济理性的作用，而经济理性的作用必然会带来对生态环境的破坏。追求利润的动机会无限驱动对自然资源的开采，无限扩大的生产必然会超出地球的承载力，自然资源的有限性和资本追求利润的无限性之间存在不可调和的矛盾。此外，无限扩大的资本生产需要有购买能力的消费者，资本增长的需求必然不断刺激商品消费需求和消费，总是引导人们追求消费的最大限度增长。过度生产和过度消费加快产品更新换代的速度，产品寿命的缩短导致对自然资源开采的周期缩短，造成自然资源的浪费以及生态环境失衡。在追求资本利润的动机下，资本主义生产不是追求人与自然的和谐共生，相反它首先关注的是以最小的成本生产出最大的交换价值。对高兹而言，资本主义的生产逻辑本身包含着对抗生态环境的因素，通常自然资源被看作是免费的，可以任意获取的物质生产资料，因而现代资本在大肆地掠夺自然中建立现代工业文明。资本主义的生产逻辑造成现代文明首先在生态领域显现危机，而且从生态危机到社会成员生活的蔓延，在劳动、工作、休闲以及政治生活各个方面都遭到一种源于经济理性控制的"合法性危机"。在高兹看来，生产、消费、政治、生态之间形成一个恶性的循环，生产和消费在追求利润的驱使下，推动劳动剔除一切非经济的内容在自由市场下发展为付薪劳动。这种付薪劳动的存在是经济理性作用导致的，工作人员在现代技术官僚统治中丧失自主劳动能力，并发展出同客观世界的畸形关系，职业工人和非职业工人全部都成为对自然支配和统治的主体。一切社会组织作为经济理性的表达，庞大的官僚经济组织都是资本主义利润动机扩展的表达，包括日常生活的判断、组织和实现自己生活的方式以及对待生态环境自主权利都被剥夺了。高兹认为经济理性对各个领域的控制最终通过对生态的作用而实现，因而社会生活各个方面出现的危机"被生态危机所激化"[①]，从本质上说当代资本主义的危机就是生态危机。

3.3.2　政治经济学原则的生态重建

消灭付薪劳动是高兹重构的政治经济学原则。马克思基于劳动创造财富的政治经济学原则解释人类历史发展的一般规律在这里被摒弃了。高兹认为不是所有劳动都具有相同的涵义；不是所有的劳动都是社会身份和阶级属性的源泉。现代社会有一部分人能实现稳定就业，有一部分人无法通过劳动融入社会。因为这部分人主要是技术含量较低的不稳定就业者，他们并不构成劳动和劳动者之根本，并体现劳动和劳动者有价值的就业。现代社会劳动不可避免地成为一种不自由的并使人异化的活动，对他们而言，认同劳动变得不可能，因为经济制度不再需要他们的劳动能力。不能从劳动中衍生出社会身份，也不能从中衍生出行使经济、技术或政治权力的使命。因而高兹主张要通过劳动时间的解放而为个人自由活动寻找可能。高兹认为现代劳动或工作无法为工人的自由解放提供必要的物质条件，人只有在休闲的时间里才能感受到自身的价值和意义，只有在非劳动期间感觉自己被解放，才能因此对劳动时间加以设限，使之不再表现为异化的活动。削减工时是为了消除付薪劳动，使有偿劳动能够超越经济理性的控制，问题的关键在于劳动时间的缩减能否使人们获得个人自由和对政治、经济、技术的权利。对劳动进行规定以消除其现代异化内容，也是在文化层面把付薪劳动改造成实践性活动。因为现代劳动的非物质化就在于劳动脱离了人们的感觉经验，必须取消劳动在公共领域的霸主地位，从而保留劳动作为个体的私人领域的内容。高兹指出未来社会对劳动的作用将体现为这样一种生态要求：重新分配的社会必要劳动使每个人能够劳动，但是劳动的时间比现在要少得多。马克思立足政治经济学批判理论处理劳动的原则是真正把握劳动的客观现实性内容，而高兹对异化劳动的解决，事实上是通过改变劳动的意识形态而倒退到抽象的唯心主

[①]　Andre Gorz. Ecology as Politics[M]. Boston：South End Press，1980：21.

义哲学立场。

马克思认为人的主体地位的实现要经历三个阶段，人的依赖关系占统治地位的阶段，以物的依赖为基础的人的独立性的阶段，以及个人自由全面发展的阶段。从对物的依赖到人的独立性的实现需要建立在普遍的物质交换、全面的社会关系以及需要、能力的全面发展之上，随着人的全面的社会关系的实现，人与自然之间自然实现和谐。马克思指出资本主义商品拜物教、货币拜物教以及资本拜物教把人与人的关系看作物与物的关系，物的内容奴役人的主体性、创造性，只有在以人与人的关系限制物与物的关系，把商品、货币、资本置于人的自我实现之下，那人自然而然获得主体性的存在。高兹进一步指出经济理性使人处于劳动意识形态、消费意识形态的控制下，人的需要由满足生产的消费需要填充，人独立的人格特质背后是现代经济理性的实现，"不是个体在经济系统中表达他的需求，而恰恰是经济系统推导出个体的功能和与之相适应的物品和需求的功能性"①。高兹没有完全挣脱马克思主义政治经济学批判的原则，仍然在资本主义生产关系中去说明人的主体的丧失，尽管从变化了的社会情境去更新工人阶级被奴役的新表现。但是高兹关于人的需要体系毕竟是建立在一种意识形态的基础上，而忽略了需要的现实基础。所以当马克思指出资本通过建立他人的需要而实现自己的利益因而应当消灭资本时，高兹却寄希望于主体自主管理自己的劳动时间、对自己的需要自我设限以及自觉改变其消费方式。

自由支配自己的劳动时间也在马克思关于个人自由解放的范畴之内，高兹认为控制经济理性，实现自主选择工作时间的可能在于在私人领域重建工作秩序。时间的解放不仅在于获得自由时间和管理自己自由时间的空间，而且在于在劳动时间内也获得自决的权利。在同时掌控自己的劳动时间和自由时间基础上实现人自身的解放。这就必须要对他主劳动和自主劳动作一个区分，需要制订一项包括"环境治理、文化政策、培训和教育等在内的时间政策

---

① Jean Baudrillard. For a Critique of the Political Economy of the Sign[M]. New York: Telos Press Ltd，1981，p. 133.

……进而为开展自我管理、互助合作及自愿性的自我生产等活动拓宽空间"①。他主劳动是必要的社会劳动，高兹指出废除付薪劳动并不是废除他主劳动，而是要废除他主的异化劳动，这也是在保留作为人类学意义上的一般社会劳动。他主劳动是自主劳动实现的前提，只有承认劳动的必要性，才能减轻劳动负担，减少劳动时间②。他主劳动表明社会对劳动产生的一种必然的外在强制，马克思也认为社会化生产成为资本主义私有制的最大障碍。高兹没有进一步思考资本主义私有制的问题，认为劳动的社会化并没有带来社会对劳动的认同，问题不是要废除劳动社会化，而是在于寻找一个领域，"个人能够从中找到自我归属感并无拘无束、充分自由地发展，而不受任何社会准则限制"③。针对古希腊城邦时期就已经出现的公共领域与私人领域的划分，高兹认为在公共领域发展必要的社会劳动，而在私人领域应当实现个人无拘无束、自由发展的"自我劳动"。这样劳动就会一方面承担生活的重担，另一方面也会实现自我维护、自我发展的内容。因而每天、每周以及每月的空闲时间才不会以自主活动的名义变成一种强制劳动，相反兼顾社会劳动的必然，还能在劳动中实现个人归属感和社会价值感。

高兹通过对经济理性主导下劳动内容的修正完成其对政治经济学原则的生态改造。之所以说这是一种生态改造，是因为高兹对劳动以及人的解放的规定是以经济理性服从于生态为目的构想，也就说其对资本主义政治经济学的批判是以实现人的生态生活为限而做出的。高兹不同于其他生态学马克思主义者，在资本主义制度的框架内寻找解决生态问题的路径，高兹超越资本主义制度的框架，在资本主义的生产框架之外寻找解决生态危机的途径，借助对经济理性的批判实现对资本主义制度的批判，在本质上进行的是对资本主义政治经济学批判的内容。高兹和马克思的区别在于，马克思使意识形态的问题在政治经济学批判中得到说明，而高兹寻求在意识形态领域解决政治

---

① 安德列·高兹. 资本主义，社会主义，生态　迷失与方向[M]. 彭姝祎译. 北京：商务印书馆，2018：75.

② 安德列·高兹. 资本主义，社会主义，生态　迷失与方向[M]. 彭姝祎译. 北京：商务印书馆，2018：108.

③ 安德列·高兹. 资本主义，社会主义，生态　迷失与方向[M]. 彭姝祎译. 北京：商务印书馆，2018：108.

经济学的问题。高兹和马克思关于资本主义生产关系的问题症结归结不同，马克思从经济危机出发消灭私有制的路径是寻找自我变革、自我否定从而达到自我限制的结果。而高兹则基于生态危机提出寻找一个能够自我管理、自我限制的领域和空间。高兹也希望能够找到个人自决的空间，但是他认为这一空间必须在劳动之外实现。从放弃在资本和劳动的对抗中解释人类社会开始，高兹总是在避免回到物质利益问题去谈论现代社会的危机，因而可以说高兹把政治经济学批判的原则改造为人道主义的原则。

3.3.3 　社会主义的生态转向

经济理性最核心的规则是追求经济最大化，经济理性作用于资本主义利润动机，要求不受任何限制地追求经济的增长，结果造成资本主义社会的畸形发展。在经济理性的支配下，资本逻辑深入资本主义制度、技术、医疗、教育等各个方面，一方面摧毁着人类生存的生态环境，另一方面摧毁着人类生存的意义和价值。因此，必须对经济理性加以限制，而且必须以经济领域以外的条件来限制。近代工业文明发展推动从生态学的角度剖析资本主义制度，用生态学的方法规范资本主义生产以减少对生态环境的破坏。但是以生态学为经济学设限，存在两条道路，一是在资本主义制度框架内，二是超越资本主义制度框架。在资本主义制度之内，借助生态科学的计算方法核算经济发展的科学界限，并通过政府税收、罚款等方式强制执行。运用技术的方法为经济理性设限将导致技术官僚主义的扩张，事实上造成一个专家统治的社会。掌握技术、知识的专家通过森严的等级秩序管理经济生产，每个人是社会这个大机器的一个零件，只能按照预先设定的职能发挥作用，不仅没有解决生态问题，还造成政治集权、官僚统治的新内容。高兹反对环境技术化、日常生活决策专家化，因为这剥夺了民众自主决定其需求、选择生活的权利。对经济理性的控制不应靠行政机构保障执行，而是应当发挥人自身保护生态的自决意识。自发控制自己的经济行为，要把限制经济理性的活动发展为一个包含着政治和文化的生态运动。

对经济理性的生态抑制不是生态学和经济学的简单结合，而应该是在政治学领域的联姻。经济所服从的生态目标应当在包含着伦理道德目标的政治领域展开，而不能沦为一种生态技术改造。当代生态问题不仅仅是如何更好生产的技术问题，它更加是一个伦理问题；应当不仅仅在物质的交换过程中关涉人与自然的关系，而应当在深层次上考察人与人之间的关系。在政治学的意义上构建抑制经济理性扩张的生态改革之路，不仅限于把经济理性诉诸于生态技术的规范，而应当进一步促使经济理性服从于伦理和文化的约束。把生态学的方法放置在政治学领域去思考经济发展的界限问题，不能简单理解为生态和政治的相加，而是在于一方面指明政治领域的规范性或者标准化的内容，另一方面，表明生态改造应当是一种包含着伦理的生态实践。要在人与人的公共生活领域展开对经济活动的批判，必须要上升到对社会关系的批判，由此人与自然之间的关系在人与自身、人与社会以及人与人之间的协调发展中重新建构。就这一点而言，高兹会走向构建生态社会主义的政治生态学改造就没有偏离马克思构想人类社会的历史唯物主义基础。

高兹十分赞同马克思《资本论》中关于经济理性批判的观点，他也主张超越经济理性的主导地位和决定作用，而代之以生态理性。在高兹生态学马克思主义的理论视域下，生态理性是一种伦理、道德意义上的思维方式和行为模式，其价值目标是在保护自然和生态环境的前提下实现人与自然、经济效益与生态效益的和谐共赢，建立一个追求生态效益最大化的社会。在这种生态社会中，人们会生活得更好、消费得更少，从而实现基于生态福祉的人的全面发展、永续发展。超越经济理性解决资本主义国家生态危机必须进行社会主义运动，其目标是把追求经济最大化的原则置于伦理、道德的价值目标下，把经济理性置于社会生活的从属地位。高兹认为社会主义运动必须超越经济理性，如果不使经济理性服从于社会道德和文化的目标，那就不是真实的社会主义运动。"催生社会主义运动的核心冲突是任意扩张的经济理性的界限问题，即经济理性自由表达的界限在哪里"[1]。经济理性把整个社会的"社会关系、价值体系、日常生活和政治置于控制"之下，而社会主义运动恰恰相反。社会主义以一种高级的合理性形式，把生态理性植入其社会制度中，解放受困于其中的劳动生活、消费活动以及精神文化，最根本的是使政治生活

---

①　安德列·高兹. 资本主义，社会主义，生态　迷失与方向[M]. 彭姝祎译. 北京：商务印书馆，2018：82.

脱离经济理性的控制并为其构建价值目标。高兹认为资本主义经济理性同整个生态系统之间的矛盾将形成限制经济理性文化运动。但"面临的是一场多维度的、无法再定义为阶级对抗的社会运动"①。高兹认为社会主义运动将超越陈旧的阶级对抗，通过对以商品、竞争、市场等为内容的经济理性的批判，实现对资本主义制度的全面批判。社会主义运动超越资本主义的生产领域，从生产领域扩展到整个社会范围。社会主义运动仍然没有改变其消灭资本主义制度的目标，但是要从深层次上基于已经变化了的矛盾、阶级力量的变化改变作用的方式。高兹这里通过生态学和政治学的结合开创的生态社会主义道路通过技术和观念的改革废除劳动在公共领域的霸权地位，废除利润动机对社会生活的操纵，通过保持政治、文化、伦理生活的独立，实现人自身的解放。

① 安德烈·高兹. 资本主义，社会主义，生态 迷失与方向[M]. 彭姝祎译. 北京：商务印书馆，2018：99.

第4章 高兹生态学马克思主义思想的主题：对资本主义的生态批判

高兹在对资本主义政治经济学进行批判的基础上，意识到资本主义社会的经济理性无法与生态理性共存，于是开启了对资本主义的生态批判，而"在所有的生态学的马克思主义者中间，数高兹从生态学的角度对当代资本主义的批判最尖锐、最系统"①。高兹在《作为政治学的生态学》《经济理性批判》《资本主义、社会主义和生态学》等著作中，通过分析资本主义社会的现实问题，完成了对资本主义的生态批判。他站在生态批判的视角剖析了资本主义社会的经济理性、科学技术以及劳动分工，论述了三者在利润驱动下导致的一系列社会问题，指出只有从根本上超越经济理性的藩篱，才能打破人与自然之间的尖锐对抗，实现人与人关系的和谐。

4.1 对经济理性的生态批判

高兹认为，马克思对资本主义生产方式的批判，本质上就是对经济理性的批判，从这个意义上说，马克思主义的政治经济学就是对经济理性的批判学说，尤其是在当今这个时代，马克思主义抓住了资本主义经济理性的计算特征，突出了经济理性的生态危害性，有着强烈的现实指向和生态价值。在此基础上，高兹指明了资本家唯利是图的本性，揭示出以利润为根本追求的经济理性的非理性动机以及经济理性导引下造成的异化的普遍化。如何超越

---

① 俞吾金，陈学明. 国外马克思主义哲学流派新编　西方马克思主义卷　下[M]. 上海：复旦大学出版社，2002：581.

经济理性的藩篱，重建生态理性，实现人类的生态解放理想，是高兹对资本主义经济理性进行生态批判的重点。

4.1.1　经济理性的非理性动机

经济理性强调的是理性在经济生活的运用和展开，考察经济理性，需要首先明确"理性"的哲学范畴。近代哲学家笛卡尔把"怀疑一切"作为理性的起点，人们在对现存概念进行普遍怀疑的基础上，充分发挥人的认识能力，通过理性推理获得关于事物的真理性认识，可以说，"我思故我在"的命题充分体现了笛卡尔对理性的理解，笛卡尔之后的西方哲学甚至把理性作为衡量一切的准则。康德指出，正如不具备自我预判能力，理性只能以顺应自身规律为基础，在自我认知的限度和范围内发挥作用。马克思虽然并未直接阐述理性问题，但从相关文本不难发现，他把理性与实践活动相联系，认为二者以唯物史观为基础确立了彼此相互依赖、相互依存的关系。18世纪，伴随欧洲理性主义哲学学派的兴起，传统理性主义逐渐与经济活动相结合。古典经济学家亚当·斯密提出了"理性经济人"思想，在他看来，人们在经济活动中，在不损害他人利益和公共利益的前提下，都有追求个人利益的"自利性"。新古典经济学家阿尔弗雷德·马歇尔（Alfred Marshall）坚持功利主义的道德观，提出个人追求幸福的最大化和痛苦的最小化，这即是所谓的经济理性的最大化原则。与马歇尔的观点不同，赫伯特·西蒙认为理性是有限的，在有限的理性的作用下，追求令人满意的利益远比追求利益的最大化更加现实和可能。面对资本主义国家日益严重的生态问题，高兹把生态危机与资本主义结合，揭示了资本主义制度及其生产方式不仅通过剥削的方式造成了人的本质的异化，而且通过不断爆发的生态危机暴露了资本主义社会反生态和反自然的属性。在继承马克思对资本主义政治经济学批判的基础上，高兹把经济理性和生态理性带入对资本主义的研究，他指出，资本主义社会对利润的追求是导致生态危机的根源，而利润动机从属于经济理性范畴，换言之，资本主义的生产活动受经济理性支配。需要明确的是，高兹在其《经济理性批判》中，只是把经济理性作为一个隐晦的概念使用，并没有给出精确的界定。国内学者俞吾金和陈学明在《国外马克思主义哲学流派新编·西方马克思主义卷（下册）》中总结了高兹的观点，认为经济理性坚持"计算与核算"原则、"越多越好"原则和"效率至上"原则。可见，在追求生产要素效益最大化的资本主义生产方式下，经济理性实质上是以利润最大化为生产动机的工具理性。

在《经济理性批判》中，高兹对资本主义的经济理性以及造成的危机进行了深刻分析，认为伴随人类社会发展逐渐显现的危机不等同于严格意义上的现代化危机，其本质是一种非理性冲动的危机，即"经济理性"。高兹把经济理性看作资本主义经济危机和生态危机的根源，而生态危机又进一步衍生出其他各种危机，鉴于此，他主张应该从经济理性的批判视角着手分析资本主义生态危机。高兹认为，资本主义经济理性的目的是实现生产要素使用的最大化，而最大化以资本主义生产方式下每单位的固定资本和流动资本带来的剩余额为参照。唯利是图的资本家在经济理性的支配下只考虑每单位的产品需要耗费多少的劳动量，并不关心劳动者在劳动过程中的情感体验以及与自己的劳动产品之间建立起来怎样的关系。经济理性追求生产要素使用的最大化，这意味着对利润的追求"越多越好"，而"越多越好"作为经济理性的根本原则彻底打破了前资本主义时代"够了就行""知足常乐"等自我满意尺度。因为：当人们从事生产劳动的出发点是满足自身需求时，劳动量以需求为界限，生活需要是劳动量的上限；但在追求利润最大化的资本主义生产逻辑主导下，劳动产品越多越好，劳动者的剩余劳动时间越长越好，产品剩余价值越大越好，利润在这种情况下才能尽可能地达到极致，而资本家对利润无上限的追求只有在自然资源和社会资源永续充裕的前提下才有可能实现，但显然这种前提在现实世界并不成立。与财富积累的"越多越好"目标相适应，资本主义生产方式下又产生了"计算与核算"原则和"效率至上"原则，可以说，经济理性产生于"计算与核算"原则，而"效率至上"原则是实现利润最大化的手段和方法。根据高兹的观点，资本主义社会人与人之间之所以变成了赤裸裸的金钱关系，就在于计算和核算的产生使得所有关系都转变成了冰冷的数据，而为了在现有条件下达到数据的最大化，需要依托效率的最大化，最大限度地投入生产要素和科技，无度地开发自然资源，尽可能地占有劳动者创造的剩余价值。由此，这种经济理性不但造成了人与人关系的物化，而且造成了人与自然关系的工具化，使劳动者失去了人性。

马克思认为经济理性与资本主义相伴而生，高兹赞同马克思的这一观点，并把马克思对资本主义生产方式的批判看作是对经济理性的批判，经济理性把"计算与核算"原则、"效率至上"原则和"越多越好"原则相结合，把以个人消费为目的的生产转向市场，通过向市场提供尽可能多的产品引导人们进行无止境地消费，进而获得最大化的利润。在经济理性的支配下，利润和积累财富的多少成为衡量成功与否的标准，这种非理性化的动机导致人们坚信，更多优于更少，挣钱多的人优于挣钱少的人。可见，高兹的经济理性是以资本主义生产方式为依托、以利润为目的的特殊理性。经济理性的条件和限度体现在：其一，生产的目的不再局限于个人需要，而是实现商品生产者和消费者的分离；其二，不同于自然经济的商品交换只能发生在自由市场，通过自由竞争的市场，利润才有可能达到经济理性追求的无止境最大化；其三，经济理性超越了家庭或私人领域的生产，换言之，它要求的只是能够带来利润的公共领域的社会生产；其四，以社会经济理性为最高宗旨，社会生产和社会关系的评价以数字化为标准，即使对人的衡量也被置于经济的计算和核算之下。经济理性把道德和美学标准从社会评价系统剔除，在最大限度排除人的主观性影响下，企图通过利润这一毫无争议的客观尺度达到资本家财富积累的目的，高兹批判的矛头指向的正是展现经济理性的资本主义生产逻辑和利润动机。

4.1.2 经济理性导引下的异化普遍化

利润最大化作为经济理性的非理性动机，它给资本主义带来的是，以效率最大化为前提的生产最大化和消费最大化，高兹在对资本主义内在逻辑进行分析的基础上得出资本主义的利润动机必然导致生态环境的破坏。对于资本主义自身而言，自由市场的竞争能够在早期为社会积累起大量的社会财富，但随着资本主义生产力的不断发展，科技创新和效率的提升导致经济理性越来越超出了资本主义社会的承受能力，造成了异化的普遍化。

首先，高兹借用马克思的观点指出，经济理性导致人与自然、人与人关系的普遍异化。一方面，人们在物质利益的驱使下，为了获得越多越好的利润，开始无节制地开发利用自然资源，导致自然环境不断遭到破坏，进而造成了人与自然关系的异化，把人与自然的关系转变为冷冰冰的工具关系；另一方面，为了最大限度地压榨工人的剩余价值，资本家利用手中掌握的资本强行剥削劳动者，造成人的本质的异化，把人与人之间的关系转变为赤裸裸的金钱关系。

人与自然之间建立起来的异化的工具关系，是诱发资本主义社会生态危机的重要原因。高兹继承马克思的观点，认为人与自然之间因为相互依赖的辩证关系而具有高度的一致性，人既是社会存在物也是一种自然存在物。人们最初通过自然馈赠的资源满足基本物质需求，自然界虽然不直接构成人的肉体，但却是人的无机身体，为了维持生存，人类不可能切断与自然界的关系。而就自然界本身而言，它与人类社会也并非完全相分离，人是自然界的一部分。资本主义社会的经济理性把物质利益作为唯一追求，使自然界沦为人们追逐利润的工具，为了达到经济增长的目标甚至不惜以自然环境为代价。在利益超越一切的资本主义生产方式下，资本家总是想方设法扩大生产规模，增加包括自然资源、厂房和设备等物质资料的投入，尤其是伴随着科技日新月异的变化，他们开发和利用的自然资源种类和数量不断增加，造成了取之不尽、用之不竭的假象。在以利润为核心的资本逻辑的主导下，利润最大化表现为剩余价值的最大化，一边是资产阶级剩余价值的不断积累，另一边是人类赖以存在和发展的自然条件的不断破坏。正如高兹所说的，资本主义的经济理性失去了它的自然基础，"生产不再具有满足现存的需要的功能"，而是"需要逐渐地具有了促使生产不断增加的功能"[1]。资本主义的"生产逻辑"决定了资本主义的企业不会关心生产与自然是否平衡，不会关心生产的产品是否能够真实地满足大众的需要，不会关心工人在劳动中是否能够体会到劳动的快乐，资本家们把所有的精力集中在计算和核算上，最为在意的是雇佣的劳动者能否用最小的成本为他们生产出最大的交换价值，即使这种收益会在破坏生态环境的前提下造成整个生态系统的紊乱。针对资本主义生产中既毫无节制地利用自然资源，又肆无忌惮地污染环境，高兹得出了"生产即破坏"的结论。经济理性指导下的资本主义生产活动对自然界而言，具有无法预测和难以修复的破坏性，长此以往，不仅容易导致资本主义世界的生态危机，

---

① Andre Gorz. Critique of Economic Reason[M]. London and New York：Verso Press，1989：114.

随着经济全球化的发展甚至会演化为全球性的不可逆转的生态问题。显然，发现生态问题的绝不仅仅只是生态学马克思主义者，发达资本主义国家的资本家也早已意识到了资源问题和环境问题的严峻性，但资本的求利性决定了他们不会以利润为代价解决危机，为了缓解本国日益严重的生态问题，以美国、日本以及欧盟为代表的发达国家和地区，利用不公正的国际政治经济旧秩序，把本国高能耗、高投入、高污染和低产出的劳动密集型企业迁移至相对落后的发展中国家，通过"生态帝国主义"政策完成了危机的暂时性转嫁，但需要注意的是，资源和环境等问题本身就是全人类的共同问题，保护生态系统应该是全球性的共同行动。

　　人与人之间建立起来的异化的金钱关系，因为激化了社会矛盾成为引发社会危机的根源。资本主义社会人与人之间的关系可以分为三个主要部分：资产阶级和无产阶级之间的关系、资本家之间的关系以及劳动者之间的关系。就资产阶级和无产阶级之间的关系而言，资本家凭借手中掌握的生产资料在生产中取得了主导地位，无产阶级虽然较前资本主义时期更加自由，但却没有改变其在自由市场上一无所有的状况，无产阶级的劳动虽然是创造社会财富的唯一源泉，但因为缺乏生产资料，因此不得不通过选择为资本家劳动的方式维持生存，这样，资产阶级与无产阶级之间的金钱关系就建立起来了。追求利润的资本家总是最大限度地压榨无产阶级，无产阶级除了被迫接受别无选择，双方之间除了金钱关系丝毫没有额外的情感交流。就资本家之间的关系而言，虽然同属于资产阶级但却不能改变彼此之间的经济竞争关系，尤其是同行业之间的资本家为了提高劳动生产效率，在竞争中占据优势地位，不断加大对科学和技术的支持力度，而且在生产中通过自动化的机器设备逐渐减少对劳动力成本的投入。这样，工人越来越成为机器的附属品，在某个生产流程中的固定习惯性动作把工人转变为机器的扳手，无产阶级不仅不能自主地决定生产，甚至在科学和技术面前逐渐失去了对冷冰冰的机器的控制。而在竞争中获益较少的部分资本家，可能因为大资本家的兼并而沦为无产阶级。就无产阶级之间的关系而言，他们也表现为竞争，与资产阶级之间的利润竞争不同，他们是为了获得维持生存的工作机会和工资收益而竞争，科学技术在一定程度上对劳动者的替代，导致对劳动者需求的进一步缩减，这深化了劳动者之间的竞争，使更多的劳动者因为失去了收入来源过得困苦不堪。在竞争中获胜的劳动者情况也并不乐观，被工作占据了大部分时间，可供自己自由支配的时间因为太少而无法满足正常社交和娱乐需求，而在竞争中失利的无产者更是因为没有生活来源不得不为温饱担忧。可见，资本主义社会人与人之间建立起的关系，更多的是倾向于剥削和竞争的对抗关系，对抗的根源在于经济理性的非理性动机。资本主义社会整个社会的关系变得越发冷漠，信任危机、道德危机等问题不断显现，成为社会危机的导火线。

其次，高兹借用哈贝马斯的观点指出，资本主义的经济理性作为"认识—工具合理性"的特殊形式，导致了生活世界的"殖民化"。经济的合理性与认识—工具合理性都是思维的形式化产物，随着技术和科技的发明和利用，生活世界的各种关系逐渐被技术化和货币化，被编入技术程序的思维成为生活世界的主导和参照，具有反思能力和创造性的人们因为思维被机械化和程序化占领，逐渐丧失了主体性，成为物化世界的陌生人，而异化了的世界作为经济理性的后果，还导致人们生产方式、生活方式和社会交往逐渐走向衰落。经济理性不仅支配着资本主义社会的经济生活，而且已经扩展到了资本主义社会整个制度体系包含的统一性之中，在剥夺人的自主性的同时，实现了对资本主义生活世界的殖民统治。

最后，高兹批判资本主义经济理性导致了资本主义社会的"新奴隶主义"。高兹指出，在经济理性支配下追求利润最大化的资本主义经济领域，既存在不均衡的劳动的分配，又因为技术的发明产生了不均衡的自由时间的分配，这使得在资本主义生产中出现了一部分人购买另一部分人的空暇时间为其服务的情况，而"对于至少是提供个人服务的人来说，这种社会分层就是服从于人身依附于他们并为之服务的那些人们。这样一来，曾经被战后工业化所消灭掉的'奴隶阶级'再次出现了"[①]，在高兹看来，资本主义社会在生产中雇佣的工人与资本主义社会之前的富人阶级雇佣的大批佣人并没有太大的区别，资本主义社会的雇佣关系是"新奴隶主义"的直接体现。需要明确的是，伴随科技进步和工业化而产生的"新奴隶主义"涉及社会分层问题，社会关系畸形

---

① 　Andre Gorz. Critique of Economic Reason[M]. London and New York：Verso Press，1989：6.

化和物化的发展趋势把越来越多的人转变为资本主义社会的"新奴隶",而这也同时意味着资产阶级队伍越来越小。经济地位直接决定的阶级队伍的两极分化,进一步表明资本主义社会并不以全人类的解放为终极诉求,而想要实现马克思根据人类社会发展规律构想的人类理想社会,需要首先思考如何解决资本主义社会经济理性和生态危机之间的矛盾。

4.1.3　超越经济理性的藩篱

马克思主义政治经济学对经济理性的批判性分析揭露了资本主义生产目的就是资本的逐利和增殖,而资本的这一本性与生态环境保护之间具有内在的本源性冲突。资本主义企业为了获取高额利润,必然会无休止地、最大限度地去压榨自然资源,进行扩大再生产,通过最小的成本获取最大的剩余价值。可见,经济理性不会关注人与自然、经济发展与生态保护的和谐共赢和内在平衡,不再确保人的劳动的尊严和幸福,而仅仅着眼于有利可图和最大限度赢利。在客观冷静地分析了经济理性的危害后,高兹明确表示:"从经济或商品理性中解放出来是可能的,但要把它变成现实必须要有行动。"①为了顺应人类社会的发展,适应现代化的发展要求,首先需要超越经济理性的藩篱和禁锢,打破受经济理性支配的资本主义的生产逻辑,尽可能解决经济理性对人与人、人与自然关系的异化,推动现代社会朝着生态理性方向发展。

不同于经济理性把利润最大化作为衡量发展的唯一标准,生态理性强调人的生产活动既要有外在的生态约束也要有内部的自我约束,生态利益最大化是生态理性的动机。自然资源并不是取之不尽的,这要求人们在从事生产活动之前要形成对自然资源和自然环境的相关认识,这是从事社会生产的前提和外在约束。同时,人们的生产活动不应该继续以利润为唯一追求,如何"越少但越好"地满足人们的物质需要是生态理性的追求。高兹指出,工资和消费越来越多未必是种更具吸引力的生活,当人们发现工资并不是最重要的需求时,当人们发现有些价值并不能根据经济理性进行量化的计算和考核时,当人们发现金钱满足不了人们最重要的需要时,也就开始在思想上摆脱经济

---

①　Andre Gorz. Critique of Economic Reason[M]. London and New York: Verso Press, 1989: 223.

理性的禁锢。掌握了更多的利润和收益不等于拥有了更好的生活，高兹在充分考虑了自然环境的外在压力和人们生产活动的真正目的后表示，生态理性的目标是建立一个劳动和消费都更少，但人们的生活却更好的社会，它在适应自然界和人类社会发展的同时，追求的是生态利益的最大化。生态理性打破"越多"与"越好"之间的联结，以保护生态为动机，投入尽量少的劳动、资本和资源，生产出使用价值最大、最耐用的产品，满足人们最低限度的需要。

在高兹看来，生态危机是资本主义各种危机的实质，经济理性是生态危机的根源。

生态危机是资本主义各种危机的实质。高兹认为，任何社会的生产活动都必然地与自然界发生联系，换言之，任何社会生产都会或多或少地对自然环境造成一定的破坏，资本逻辑下追求利润最大化的资本主义生产更是如此。人类从诞生开始就与自然界产生了紧密联系，人类文明越是向前发展，自然生态系统就越是表现为人类选择的结果，每一个社会形态下的生产活动对自然的破坏结果，都是下一个社会形态最初的生产条件。可以说，人们为了生产生活打破了生态系统的天然平衡，但控制和利用自然本身因为并不与生态保护相冲突，因此生态学家并不排斥人们依托自然发展人类社会，他们真正关心和在意的是以下两点：其一，人们在生产中对自然界的非可再生资源采取什么态度，是否能够认真看待和保存宝贵的非可再生资源；其二，人们在利用可再生资源时，生产活动本身带来的成果有没有超过它对自然生态的破坏性。无论资本主义社会出现哪种危机，都离不开生态因素的影响，基于此，高兹认为资本主义社会各种危机在实质上表现为生态危机，以资本主义社会的过度积累危机和再生产危机为例，高兹论证了它们和生态危机之间的内在联系，以及生态危机如何体现对过度积累危机和再生产危机的决定作用。首先，过度积累危机的形成。为了保持利润的持续增长，资本家用越来越多的机器代替工人，只要机器是在工人的操纵下进行生产，它就是资本，与作为可变资本的劳动力相比，机器作为不变资本可以连续地进行高强度工作，但机器的折损和保养费用特别高。付出的包含不变资本和可变资本的成本只要小于生产劳动的回报，资本家就有利可图，而根据马克思的观点，商品生产过程中投入的资本越多，从商品中的获利就会越少。为了使劳动回报大于为机器付出的高昂保养和维修成本，资本家转而生产那些不耐用的产品，迫使人们更加频繁地更换产品。这样，不仅资本家的资本增长了，满足人们之前同等程度需要的商品数量也相应增加了，社会生产加速了人们对包含劳动力在内的能源和资源的消耗，对生态系统的承受力提出了越来越大的挑战。其次，再生产危机的形成。根据自由主义的观点，物以稀为贵，稀有的商品价格在上涨的同时也意味着获取难度的加大，数量有限的稀有商品价格的飞速增长，既加速了生态危机的到来，同时也加深了生态危机的程度，从而导致资本利润的下降。可见，无论是资本主义的过度积累危机，还是再生产危机，最终都陷入严重的生态危机，生态危机因为阻碍生产的进一步发展，从而成为资本主义其他一切危机的根源。

经济理性是生态危机的根源。资本主义生产把自然界免费的资源与资本家预付的不变资本和可变资本相结合，生产出可以带来利润的商品。商品的生产除了资本家承担的预付资本，还包括自然资源的消耗，生产过程也有可能造成对环境的破坏，从这个维度不难发现，经济理性对利润的追求必然以破坏生态环境为代价。随着资源和成本之间排列组合方式的多样化，生态环境承担的压力也会更大，但同时，资本主义生产的目的是最大限度获利，资本家在忽视商品使用价值时，关注的只是市场上的交换价值。破坏生态平衡不会给企业带来任何经济损失，但成本过高直接影响获利，所以资本家们往往只关心如何降低生产成本。但是，随着资源问题和环境问题的越发严重，维持资本主义生产的成本将会不断攀升，这或者导致价格的上升或者导致利润的下降，贪婪的资本家必然选择提高价格。在资本主义市场上，物质商品价格的上涨速度远快于劳动力商品工资的增长速度，这样看来，劳动者不断降低的购买力仿佛在为资本家造成的生态问题买单，而生态问题不仅制约了劳动者的购买力，而且还会使生产陷入停滞甚至衰退。

生态理性和经济理性分别以生态动机和利润动机作为根本追求，导致了二者之间的对立：生态的保护需要从生产环节着手，生产那些投入和产出比更高的产品，通过提升产品质量，减少人们对产品数量的需求；而利润动机驱使下生产出来的大量产品，只有通过消费环节才能使资本家真正获益；从本质上看，生态理性是一种价值理性，而经济理性属于工具理性范畴，不同动机使得二者在资本主义制度下难以共存。只要资本主义社会继续按照经济理性行事，利润就会促使资本家生产出更多的产品，而资本主义生产资料的占有方式和社会化大生产之间无法解决的矛盾，已经通过周期性地爆发经济危机表明，有能力进行财富积累的人只是社会的极少数，绝大多数劳动者因为没有足够购买力甚至无法消化市场上的大量产品。因此，替代资本主义社会经济理性的新的方案需要达到几点要求：在追求经济利益的同时，兼顾资源和环境的承受力；不再盲目追求"越多越好"原则，而是在满足人们基本物质需求基础上强调"越少但越好"；社会发展中各种被异化了的关系得到矫正，人们不仅有物质生活，而且还有时间和能力开展精神生活。

高兹认为，资本主义生产方式的逐利性本质决定了资本主义无法摆脱其内在矛盾和局限性，由生态危机导致的全面性的社会危机是资本主义制度的痼疾。资本主义各种危机根源于生态危机，需要通过重构生态理性的方式，缓解甚至消除社会的各种危机。在资本主义的制度框架内，生态理性是无法冲破经济理性的限制的，必须变革资本主义的生产方式和社会制度，在现代化的进程中排除经济理性的利润动机，以保护生态为根本追求，确立现代化的生态理性原则，从生态的角度给现代化划定边界，秉持生态理性"越少但越好""够了就好"和"知足常乐"等理念。正如前面提到的，生态危机不仅与资本主义社会的其他危机相关，而且还由经济理性决定，所以，仅仅依靠价值理念的宣传还远达不到重构生态理性的目的，需要从根本上消除产生生态危机的经济理性。但资本主义社会生产资料的私有制以及资本主义社会的固有矛盾共同决定生态危机不可能在其自身制度内部得到解决。换言之，从资本主义方向进行生态重建只是一种局限在资本主义体制自身限度内的变革，不具有彻底性。

高兹把经济理性导致的生态危机看作资本主义其他危机的根源，只要生态危机没有彻底解决，资本主义社会就是充满矛盾的社会。资本主义的经济理性导致了生态的非理性，经济理性与生态理性的矛盾是资本主义生产方式的固有矛盾。经济理性是工具理性，而生态理性是价值理性，这两种理性在资本主义的框架下是冲突的、矛盾的。所以，高兹认为最根本的方法是重建社会主义的生态理性。生态理性坚持了人与自然和谐共赢、内在统一的原则和理念，能够科学预见人对自然的认识和改造所造成的生态后果，能够自觉给人改造自然的实践活动进行约束并划出一个生态边界，从而在尊重自然规律的前提下实现对自然的合理利用。这样，就能够避免人对自然的疯狂压榨所造成的生态灾难，建立一个人生活得更好、消费得更少的生态理性社会。这种"生产得更少但更好"的生态理性，就是要限制经济理性的效用范围，使其服务于人的精神生活，在自由自觉的劳动中激发出人的创造性潜能，要求人们在劳动中获得尊严和幸福、快乐和满足，最终实现人的自由全面发展。

4.2 对科学技术的生态批判

高兹从资本主义现实的生产过程展开对经济理性的批判时，发现了科学技术在其中发挥的推动作用。资本主义为了最大限度地获得利润，通过科学技术极大地提高了劳动生产率，在单位时间能生产更多产品的同时，增加了资源的消耗和浪费，导致了劳动的异化，从而加速了资本主义社会危机的出现。高兹对资本主义进行批判时，提出了"技术法西斯主义"理论，在他看来，科学技术作为生产力的重要因素，本应该在生产中保持其中立性，但在资本主义条件下却表现为资本主义社会的意识形态属性，沦为西方世界的统治工具。可以说，当今资本主义社会出现生态危机，离不开经济理性影响下的科学技术的影响，而要超越经济理性的局限，消除生态危机和资本主义社会的其他危机，有必要通过对科学技术的生态批判，实现对科学技术的反思。

4.2.1 "技术法西斯主义"

科学技术作为经济理性主导资本主义社会的重要手段和方法，对资本主义生态危机的出现具有不可推卸的助推作用，高兹主张应该从生态批判视角对科学技术进行客观分析，把科学技术作为生态学马克思主义的重要线索。20世纪60年代，作为一名存在主义的马克思主义者，高兹对科学技术持肯定态度，认为科学技术是生产力中最活跃的力量，掌握着科学和技术的人员是资本主义社会中最革命的力量。在这里，高兹从肯定科学技术积极作用的层面，继承了马克思对科学技术是第一生产力的理解。高兹和马勒把科技人员和技术工人看作"新工人阶级"，提出了"新工人阶级理论"，作为自为的阶级，他们既是对资本主义经济结构进行改革的主力，也是实施社会主义劳动战略的先锋，克服劳动中的异化、实现劳动和生活的真正价值和意义是包含新工人阶级在内的无产阶级的革命使命和动力。

高兹对科学技术发挥的作用并不是一直持肯定态度，到生态学马克思主义时期，高兹开始反对和批判科学技术，这种转变集中体现在其著作《作为政治学的生态学》中。高兹认为，科学技术应该用来反映生产者和产品之间的关系、生产者与环境的关系、生产者与生产者之间的关系以及生产者个人与整个劳动阶层的关系等，这意味着人们对科学和技术的使用应该是一种完全基于社会发展需要的纯技术选择，但资本主义的科学和技术并非如此。以核技术为例：西方发达工业化国家在经济效益的推动下迅猛发展，随之而来的资源和环境问题变得越来越棘手，为了解决面临的能源危机，当时法国有些人在明知核技术存在危害的前提下欺骗民众，大肆夸大核计划的好处和可行性，在掩盖核技术带来伤害的同时，1974 年法国政府在没有民众参与审议的情况下擅自批准实施核计划，企图用核能代替短缺的石油资源。尽管法国政府及其技术官僚编造出了很多诱人的好处，但高兹指出，这些都不能成为核技术带来实实在在伤害的借口。高兹把政府的做法称为"愚蠢的陷阱"，在他看来：现实并不像法国政府宣扬的那样，只有不容易掌握的核技术能够创造出替代石油的能源，随处可见和成本较低的太阳能和地热同样能够转换成可利用的能源；人们并不是只能通过增加能源的消耗这一种方法来增加就业岗位，提高生活质量；即使需要通过追加能源投入的方式促进社会发展，也应该选择对环境和人类生存损伤最小的方式，核技术是否真正能够增加能源的总量在当时有待验证，但核辐射和核垃圾的危害已经在历史上被印证过。通过法国政府不计后果地热衷核计划和核技术的行为，高兹认识到科学技术并不总是服务于人类社会，更为重要的是，高兹发现了资本家把科学技术这种本应该是纯技术的选择作为政治选择实行"技术法西斯主义"的实质。太阳能和风能等随处可见的能源，成本低，垄断难度大，它们不是资本家为石油能源寻找到的最佳替代品，之所以选择核技术，是因为资本家看中了它背后的政治意义，即如果核计划顺利实施，政府便可以光明正大地以保护核电安全为借口加强对社会的控制。至此，高兹揭示出了科学技术在资本主义社会转变为资本家进行阶级统治工具的事实，提出了"技术法西斯主义"。"法西斯主义"是一种独裁政治活动，"技术法西斯主义"不同于这种单纯的政治运动，它通过目的性的技术选择，使该技术的选用者在经济和政治层面上占据支配和主导地位。在这里，高兹从科学技术带来的消极影响出发，指明了科学技术在资本主义社会转变为阶级统治工具的事实。

高兹最初便看到了科技进步在生产力发展中发挥的助推作用，即作为生产力中最活跃的因素，科学技术对劳动者、劳动工具和劳动对象都会产生重要影响。根据马克思的观点，科学技术总是最先产生于实验室，想要掌握最先进技术的劳动者首先需要进行理论学习和劳动技能培训，这样就可以在生产劳动中把科学技术转变为现实生产力；劳动工具是生产力发展水平的重要标志，科学技术可以帮助人们不断发现更加便捷高效的劳动工具，从而提高企业的劳动生产率，降低产品成本；劳动对象或劳动资料是形成产品的原材料，科技的投入不断地丰富着劳动对象的数量和种类。可见，以推动经济社会发展作为固有价值的科学技术，完全可以独立于意识形态之外，但在资本主义国家，为了满足资本家对利润的追求，科学技术被束缚在统治阶级意识形态的限度内，沦为资本家剥削压榨工人的工具。资本主义社会的"技术法西斯主义"用推动经济社会发展的幌子掩盖资本家政治上的阶级统治和经济上的利润至上追求，这种所谓的科学技术不仅导致了异化劳动，而且曲解了科技存在的真正价值。

4.2.2 科学技术的意识形态属性

为经济理性服务的科学技术，在资本主义社会既发挥着提高社会生产水平的普遍作用，同时还是造成严格劳动分工的重要原因。高兹指出，资本主义社会的科学技术具有鲜明的阶级性，"它们在资本主义制度内受资产阶级使用它们的目的和它们发挥其功能的约束"[①]，遵循资本生产要求的科学技术不再具有中立性，更准确地说，它带有了资本主义社会的意识形态属性。非中立的科学技术不再像之前那样注重基础性的理论创新和研究，而是将关注的重点转移到了与实际生产息息相关的问题上，例如如何才能提高效率降低生产成本，如何通过革新技术的方式获得高额利润等等，科学技术在资本主义

---

① Andre Gorz. The Division of Labour[M]. London：The Harvester Press，1978：165.

生产中发挥的作用带有两个倾向：其一，科学技术由更加注重人的生活体验转向更注重资本参与生产；其二，科学技术由为生产力发展服务转向更注重产品的更新。科学技术在资本主义社会的这种工具性转变，一方面保证了产品的利润率，另一方面实现了资本主义生产的延续。打上资产阶级烙印的科学技术为自由市场提供了充足的劳动产品，但不可否认的是，这种科技进步并没有、也绝不会真正满足全社会的物质文化需求，而且因为资本主义生产本身是不健康的，它只能造成生态的进一步恶化和贫富差距的进一步拉大。

在揭示出科学技术非中立之后，高兹在批判资本主义科学技术时进一步对科学技术的意识形态进行了划分。根据社会性质的不同，科学技术可以分为资本主义的科学技术和社会主义的科学技术。就资本主义的科学技术而言，它主要表现为以"核技术"为代表的硬技术，正如前面提到的，硬技术一般掌握在拥有决定权的少数人手中，其本质上反映了暴力的独裁统治，它既对人形成了严格的控制又剥削了劳动者的创造性，打着生态保护的旗号肆意破坏生态环境，正如高兹所言，"核技术昭示着、决定着一个集权的、等级森严的和警察统治的资本主义社会"[①]。与硬技术相对，社会主义的科学技术是以绝大多数可再生资源为代表的软技术，例如太阳能、地热和风能等，规模小、相对分散和便于获取的特点，使它们能够被大多数人掌握和使用，不仅带动了就业，还极大地促进了人与自然、人与社会以及人与人之间关系的和谐。

高兹强调，经济理性指导下的科学技术，打破了马克思所认为的"科学技术是中立性"的认知和判断，成为资本主义社会权力分配、劳动分工和社会关系划分的重要决定性因素。这种更为激进的科学技术与马尔库塞和哈贝马斯的理解相一致，体现了资本主义社会的资本逻辑和生产逻辑，达到了强化资本主义阶级统治的目的，可以说，"资本主义生产关系和交换关系已铭刻在资本主义馈赠给人们的技术之中"[②]。高兹在还是一个存在主义的马克思主义者时便发现了科学技术在生产力进步中发挥的重要作用，虽然在生态学马克思主义时期他又发现了科学技术作为阶级统治工具对劳动者和生态造成的消极

---

① Andre Gorz. Ecology as Politics[M]. Boston：South End Press，1980：19.
② Andre Gorz. Ecology as Politics[M]. Boston：South End Press，1980：119.

影响，但高兹仍然坚持辩证地看待科学技术，更准确地说，他批判和反对的并不是科学技术本身，而是借用科学技术强化阶级统治的资本主义制度。"科学技术意识形态在某种程度上就是资产阶级意识形态，科学技术的文化与技能将体力劳动和脑力劳动相分离，鲜明地打上了资本主义生产关系的烙印"①，从此，打上资本主义烙印的科学技术就转变为资产阶级剥削和压迫工人的工具，新的科技和机器化大生产让原本只是没有生产资料的工人因为进一步失去了对自我生产的控制权而变成随时可能被机器替代的机器的附庸，专业化和机械化的生产在逐渐损耗工人生产能力的同时不断满足着资本家对利润的追求。

根据高兹的上述分析不难发现，受经济理性支配的科学技术，其性质和价值反映的是资本主义生产和发展的需要，是实现资本增殖的重要途径，这与社会主义的科学技术截然相反。资本主义社会的资本家通过科学技术来控制生产达到阶级统治的目的，而社会主义社会的广大无产阶级借助科学技术获得自由解放，科学技术在不同社会形态下具有不同的指向。就核技术的决策者和拥护者而言，他们为了达到自身的经济目的和政治目的，对核技术应用过程中可能出现的问题视而不见，高兹从风险、可靠性、垃圾处理、真实作用等九个方面对核技术进行了分析，进一步揭露了核技术作为社会等级制度的产物被少数人掌控的现实，资本主义生产和交换关系中对科技的应用强化了其意识形态属性。

4.2.3 生态、资本与技术的反思

高兹通过分析资本主义的科学技术，揭示了资本家依靠科学技术实行"技术法西斯主义"的真实面貌，为本应该中立的科学技术打上了资产阶级意识形态的烙印，资产阶级依靠科学技术实现了对自然界和人类社会的控制。高兹在对资本主义进行批判时，反思了科技对生态和资本的影响。

资本主义的科学技术在经济理性的影响下极大地提高了社会的生产水平，创造出了巨大的物质财富，根据马克思的观点，资产阶级在它不到一百年的

---

① 温晓春. 安德烈·高兹中晚期生态学马克思主义思想研究[M]. 上海：上海人民出版社，2014：122.

统治时期内创造的生产力比过去一切时代创造的生产力总和还要大，还要多。资本主义社会的历史进步性离不开科学技术的作用，但同时也要清醒地看到资本家为了在激烈的竞争中获得更多的财富和收益，对生态造成的破坏已经严重威胁到人类正常的生产和生活，能源紧张和环境污染等问题的不断加剧，充分表明资本主义社会对科学技术的运用并不是最完善的。资本家的贪婪和对利润的追求是无止境的，但自然资源并不是无限的，自然环境的自我修复能力也远不及人们对它的破坏力，经济增长在短时间内依靠科学和技术的投入可能会取得令资本家满意的变化，但资本家无限的欲望和生态环境有限性之间的矛盾必将成为资本主义长远发展的阻碍。

值得注意的是，资本家意识到了自然资源的有限性，提出用新科学技术寻找可替代能源，但在"技术法西斯主义"部分已经谈到，以核技术代替日益紧张的石油资源作为资本家提出的最佳方案，其实质并不是为了真正缓解石油资源的供不应求，作为一种带目的性的技术选择，他们只是核技术的掌握者为了加强政治统治、获得最大化的经济收益打出的幌子而已。归根结底，科学技术只是资产阶级在追求经济理性的过程中寻找到的一种实现途径，只要资本家仍然以经济理性作为资本主义生产的终极目的，科学技术造成自然的异化就是无法摆脱的必然结论。而如果想通过彻底消除科学技术的异化达到人与自然和谐相处的目的，必须首先超越经济理性对资本家的支配，把越多越好的生产转变为越少但越好，而趋利性作为资本家的本性决定了这种转变的发生不可能在资本主义社会完成，彻底消除科学技术给生态造成的压力，只能在不以经济利益为根本追求的社会主义社会才有可能。

科学技术在资本主义生产中的广泛应用，不仅造成了严重的生态危机，同时还借助资本的作用造成了对人的奴役。首先，科学技术在将劳动划分为体力劳动和脑力劳动的基础上，造成了对工人阶级肉体的奴役和精神的摧残。体力劳动者和脑力劳动者的区别在于，脑力劳动者掌握着尖端的技术和科技，他们虽然需要经常性地进行知识扩充和技能更新，但工作较为稳定，工资收入相对满意，而体力劳动者主要以体力劳动为主，无论是掌握的文化知识还是劳动技能相对较少，工作不稳定，有随时被替代的风险。一般而言，科学技术越是发展，对脑力劳动者的要求会越来越高，社会对他们的需求量就越大，也就意味着越不容易失业，体力劳动者的处境与脑力劳动者相反，不仅要准备着随时被替代，而且还有沦为机器附属品的可能。需要注意的是，高兹反对把脑力劳动者归为工人阶级，因为在社会生产中脑力劳动者指挥和监督着体力劳动者，他们利用科学技术控制和剥削体力劳动者，具有某些体力劳动者不可能拥有的权力，虽然他们各司其职，看似平等地分担不同的劳动任务，但脑力劳动者的地位高于体力劳动者。其次，科学技术成为资本家借以实行阶级统治的工具。高兹指出，资本家为了加强对工人的控制，逐渐在生产中降低劳动者的自主性和创造性，使劳动者在不掌握资本的前提下越来越依赖资本家才能生存。对劳动者而言，由资产阶级决定的生产方式和生产过程是他们必须尊重的外部秩序，对于生产什么和生产多少这类问题劳动者没有任何发言权，而且，根据资本家的指派，工人被固定在某个具体的生产工序上重复单一的工作，虽然整个社会的生产效率在提高，但劳动者的自主性却在逐渐降低。从事生产的劳动者，尤其是社会边缘的体力劳动者，他们无法理解商品生产过程，被迫与自己生产的产品相分离，掌握的技能和知识越来越少，类似的问题大量堆积必然影响生产效率和生产积极性，加速工人的异化。资产阶级有时会在生产过程赋予生产者少量的自主权，以达到激励生产的目的，但这并没有改变资本主义社会借科学技术压制无产阶级的事实。

科学技术在为资本增殖服务时，还有可能重塑出一个不同于传统资产阶级的新的资产阶级。意大利的左翼思想家们曾提出，当知识成为社会唯一稀缺的资源时，掌握着知识的劳动者因为拥有了知识经济背景下的生产工具而摆脱了原来传统的被剥削地位，通过对科学和技术的把握在向上流动不受限的社会转变为资本家。作为能够带来剩余价值的价值，资本既包括以机器、厂房、设备和原材料等形式存在的物质资本，也包括以科学、技术、智力和知识形式存在的非物质资本，高兹在他的著作《非物质：知识、价值和资本》中指出，科技的发展推动资本主义社会的进步，不同的生产模式在资本主义社会共存，到后资本主义时期，非物质资本取代物质资本成为剥削劳动的主要形式，与此相适应，物质劳动退居非物质劳动之后，虽然物质劳动仍然是社会生产的必需品但却不再是关键环节。决定非物质劳动核心地位的是社会上出现的非物质资本，非物质资本正是以科学和技术形式存在的知识资本、智力资本和人力资本等。马克思在《1857—1858 年经济学手稿》中把物质劳动看作机器化大生产的直接源泉，把非物质劳动作为直接生产力，并预言，资本主义社会生产力的发展越来越依赖科技进步和非物质劳动。非物质劳动强调人的某种非习得性能力，在一般智力的发展中，无论父母还是教育者都是通过传授正式知识和经验知识发挥作用，但在工业数字化发展趋势下，非物质劳动者实现的是自我生产，他们不再把自己看作机器的附庸，虽然经济基础决定了后工业社会的非物质劳动仍然不能使劳动者摆脱被剥削的处境，但至少非物质劳动者不用再必须接受雇主预先灌输的生产能力。非物质劳动借助全球可自由进入的网络工具以及劳动者的自我组织和生产开创了一个可以共享的社会。

高兹通过科技反思生态和资本问题时指出，资本积累方式由物质资本的积累转变为非物质资本的积累，这种积累方式的自我创新既有利于促进社会生产力的发展，又能够促进社会需求的满足：对资本主义生产而言，在很大程度上摆脱了过去传统物质资本积累对生态环境带来的巨大压力；对交换和消费而言，尽管资本主义生产仍然以利润最大化为根本追求，但却可以通过非物质劳动为市场提供满足人们需求的产品。可以说，资本积累方式的转变打破了资源和市场的局限，一方面，人们对精神生活资料的消费比物质生活资料的消费具有的弹性更大，这为资本家追求利润提供了更大的空间；另一方面，非物质资料的生产可以最大限度地降低对生态系统的消耗。应用于资本主义生产的非物质劳动包括经验知识和正式知识，经验知识是一种在实践中依靠直觉获得的自我生产能力，而正式知识通过在生产中对机器的控制实现对作为机器附庸的劳动者的管理。尽管知识资本不能被评估，但却是实现资本增殖的最佳方式，它的实现需要满足几个条件：其一，知识私有化；其二，知识中蕴含着创造利润的价值；其三，知识中的价值能够不断被提升。非物质劳动通过科学和技术的力量，推动了资本主义生产无成本的发展趋势，是资本主义社会解决生态危机的重要方法，并在生产和消费过程中培育出一批以科技和知识等为资本的新资产阶级，但无成本化的经济发展方式进一步减少了对劳动力的需求，由于自身能力的限制，并不是所有工人阶级都能够通过接受教育等方式转变为掌握着科技的管理者，而且即使接受了教育，也会因为教育具有的资产阶级意识形态属性转变为机器的附庸。可见，虽然知识经济代表的非物质劳动能够缓解生态危机，但却进一步加剧了人的异化。

需要明确，资本主义的科学技术无论是对劳动进行分工，还是造成劳动者的异化，究其根本都只是资本的帮凶，资本剥削劳动借助的是科学技术这种手段而已，生产资料的私有制是包括劳动分工在内的一切异化的总根源。资本是资本家占据社会主导地位的原因，同时也是资产阶级进行阶级统治的最终追求，这就可以进一步回答，为什么只有推翻资本主义制度，才能彻底消除科技异化的影响，实现人类解放。

4.3 对劳动分工的生态批判

高兹对劳动分工的生态批判，其理论基础是马克思在《资本论》中对劳动分工批判的思想，他高度肯定了马克思的劳动分工思想，认为资本主义的生产方式及其逐利目的决定了劳动分工的存在并由此导致了生态危机的恶果。资本主义社会经济理性和科学技术以资产阶级的利润为追求，不仅破坏了人与自然之间的关系，导致了严重的生态危机，而且在资本主义工业化发展过程中，形成了严格的劳动分工，破坏了人与人、人与社会之间的关系。高兹认为，资本主义社会的劳动分工是导致资本主义一切异化的根源。在对马克思主义劳动观和法兰克福学派进行分析研究的基础上，高兹从不同视角着手批判资本主义社会的劳动。马克思认为，资本主义社会的劳动已经丧失了原本的价值，它站在人的对立面把人变为资产阶级追求利润的工具，而资本主义制度及其固有矛盾是造成劳动分工和劳动异化的根源。劳动的异化及其带来的人的异化一方面是经济理性和科学技术非中立化应用后造成的资本主义社会危机的反映，另一方面还进一步导致了异化消费和"丰裕的贫困"等问题。

4.3.1 劳动分工与劳动异化

从《道德的基础》开始，高兹开启了对劳动概念的研究。马克思把劳动看作人的存在方式，正是因为人类能够从事劳动，人类社会才能不断地从低级向高级发展，自由的劳动既给人们的生活带来了生机和乐趣，同时也是实现人的自由全面发展的前提。为了更加准确地把握资本主义社会劳动的独特性，高兹把传统的前资本主义社会和资本主义社会进行了对比，揭示了劳动在不同时期具体表现上的根本差异。

在传统的前资本主义社会，人们从事劳动的最主要目的是满足自身需要，即自给自足。家庭是人们从事劳动的最基本单位，对于家庭成员来说，"尽管他们之间内部也会有分工，但是劳动价值很难用抽象的劳动时间来衡量，没有公共的标准，各种责任依据传统的分工，分别由丈夫、妻子、孩子与老人来承担，他们的活动是不可交换的，不是根据单独的标准来进行比较与评估的"①。可见，传统的前资本主义社会，人们的劳动产品直接用于满足需要而不是用于市场交换，因此，虽然家庭成员有内部分工，但社会上并没有形成严格的公共分工标准。

资本主义社会，商品经济逐渐形成，人们从事劳动的目的仍然是为了满足生活需要，但这种需要并不是直接满足的，需要用自己的劳动产品换取自身需要的商品，也就是说，资本主义社会的劳动是商品性劳动，高兹把商品性劳动定义为真正意义上的"工作"。对资本主义社会的工作加以分析后，高兹指出，商品性劳动的实质是雇佣劳动，它不再是劳动者自由自主的活动，而是一种为了谋生不得不受制于他人的必然选择，因此，资本主义社会的劳动目的不再单纯地为了满足劳动者本身生产和创造的需要，更重要的是为资本家服务。高兹把资本主义社会商品性劳动的基本特征归纳为以下三点：其一，与在家庭等私人领域进行不同，它只能发生在公共领域；其二，劳动的目的并不是为了自用，而是为了拿到市场上去交换，满足社会中其他人的需要；其三，劳动产品必须拥有使用价值或者社会价值，只有如此才能拿到市场上进行交换或者卖掉。可见，工作的独特之处在于，它借助生产出来的商品参与到了社会生产的总体过程中，市场上的商品性劳动把自给自足的劳动转变为社会性的抽象劳动。在高兹看来，工作作为一个现代普遍存在的概念，并不是从来就有的，它在资本主义社会表现为一种被支配的劳动，资本家出于需要，雇佣劳动者进行劳动并对劳动行为进行规定，最终承认该劳动有用。19 世纪的英国和德国相关学者对工作的理解与高兹相似，他们认为工作就是现代的资本主义劳动，劳动者在劳动中创造的价值越多越好，否则就是在破

---

① Andre Gorz. Reclaiming Work[M]. Cambridge：Polity Press，1989：53.

坏社会利益，而如果努力工作后仍然没能成为成功的人，原因也只在劳动者个人身上。

在对比分析传统前资本主义社会和资本主义社会的劳动之后，高兹把研究重点转向了对资本主义劳动的研究。马克思曾指出，工场手工业造成了体力劳动和脑力劳动的分离，把工人变成了生产流程中的局部工人。而且，科学技术被广大脑力劳动者掌握，对科学技术的决策权和使用权掌握在资本家手里，科技作为第一生产力与劳动的分离，加深了劳动为资本服务的程度。高兹把资本主义社会形成的劳动分工看作资本主义劳动异化和社会异化的根源，而对于劳动分工而言，对其起决定作用的是资本主义社会的生产方式。资本主义社会少数资本家占有绝大多数的资本，绝大多数的工人因为没有生产资料，不得不依靠向资本家出卖劳动力为生。

资本主义的劳动分工是造成其他一切异化的根源。所谓劳动分工，指的是"人们在经济活动过程中技术上的联合方式，即劳动的联合方式，简称劳动方式，马克思称之为生产方式或生产技术方式，它属于生产力范畴"[①]。劳动分工既不是偶然出现的，也不是特定社会生产关系的产物，它是随着科技进步和生产社会化逐渐产生的，其中，作为生产力和科学技术发展水平重要标志的生产工具是劳动分工的直接决定因素，生产工具的性质和状态决定着劳动分工的类型和程度，生产工具的每一次变革都会带来劳动分工的转变，而劳动分工的变化也会推动新的生产工具的产生。古典政治经济学家亚当·斯密把劳动分工看作人类共有的同时也是特有的行为，在《国富论》中高度评价了劳动分工对社会发展的积极影响。斯密认为，国民财富的增加和积累以劳动生产率的提高为前提，而劳动分工是提高劳动生产率的主要方式，斯密劳动分工理论在当时的社会生产中被发挥到了极致，产生了以标准化生产为主要特征的"福特制"，但分工带来的不仅仅是国民财富的增加，还因为把人们固定在某一个生产环节和流程而导致了劳动异化。高兹意识到了劳动分工的消极影响，在批判现实劳动分工和继承马克思主义劳动分工理论的基础上，产生了劳动分工批判理论。

---

① 钱书法. 劳动分工深化、产业组织演进与报酬递增[J]. 马克思主义与现实，2003(6)：99-103.

高兹劳动分工批判理论，一方面来源于对现实分工的批判。马克思借助人类社会出现的体力劳动和脑力劳动的分化，分析了这种分工对劳动者本人带来的伤害，同时指明分工是导致阶级分化和社会不平等的原因。劳动分工带来劳动生产率的提高，人们在分工协作中生产的产品除了满足基本需求外，出现了剩余，对社会剩余产品的占有产生了阶级的分化，出现了社会财富占有的不平等，而经济地位的不平等又进一步造成了政治上的不平等。劳动生产中的专业化和职业化是分工进一步发展的产物，对劳动者的教育和培训为了适应社会生产的需要，出现了专门化的倾向，许多原本以教授知识为目的的学校也转变为以技能的培训为主。而阶级社会的不平等决定了教育的不平等，体力劳动者不可能通过接受教育掌握先进生产工具的支配和使用权，换言之，劳动分工只是作为阶级统治工具出现，它不会从根本上改变阶级对立和社会不平等。

高兹劳动分工理论还源于对马克思社会分工理论的继承。高兹继承了马克思对资本主义劳动分工的批判，马克思认为，分工保证了资本主义社会生产的顺利进行，把人们联系起来而形成了一定的社会关系，但这并不能掩盖劳动分工的消极作用。其一，分工加剧了社会矛盾和阶级对立。劳动分工能够提高劳动生产率，在单位时间内为资本家生产出更多产品，而分工对劳动者而言，一般只是改变他们的劳动形式并不会对工资产生多大影响，这就导致了社会贫富差距的进一步增大，这种增大的趋势最终把阶级矛盾和冲突上升到无法调和的程度。其二，分工造成了人的片面发展。工业革命之后的机器大工业生产，把人类社会带向了标准化和精细化时代，二者在极大提高社会效率的同时，使人们逐渐丧失了自主性和创造性，生产中追求的是能够体现大众化和共性的标准，劳动者被局限在生产流程的某个固定环节，通过最短的时间完成最简单的手工操作，人的主观能动作用在这种机械化的重复中被不断地摧毁，成为机器般的存在。其三，分工是造成劳动异化的根本原因。马克思指出，"只要分工还不是出于自愿，而是自然形成的，那么人本身的活动对人来说就成为一种异己的、同他对立的力量，这种力量压迫着人，而不是人驾驭着这种力量"①，这充分表明，劳动分工在资本主义生产资料私有制条件下转变为了劳动异化的根源。

　　高兹把对劳动分工的现实批判和对马克思劳动分工理论的继承相结合，在其著作《劳动分工：现代资本主义的劳动过程和阶级斗争》中，彻底批判了资本主义劳动分工，得出：资本主义社会的劳动分工是造成包含劳动异化在内的一切异化的根源这一结论，这主要表现在以下四个方面。首先，高兹引用马克思在《资本论》中的观点指出，分工忽视劳动者的生产兴趣和生产能力，把人们变成畸形发展的局部工人。位于某一生产流程的熟练工人被固定下来后，在熟练化的操作中提高了劳动生产效率，减少了工作转换造成的时间的浪费，但也同时降低了劳动者对生产过程的了解，掌握的技能范围逐渐缩小，个性化的生产能力和创造性得不到有效发挥，单一技能的工人在劳动力市场的竞争力逐渐下降，这样，劳动分工把工人牢牢地控制在简单的机械化操作上。其次，高兹指出劳动分工制约着工人自治目标的实现。资本主义社会生产资料的私有制和劳动分工带来的社会化大生产之间的矛盾是资本主义社会的固有矛盾，固有矛盾导致周期性地爆发经济危机，导致劳动力和商品的相对过剩，为了摆脱资本主义社会所处的被动经济地位，工人阶级制定了自己的自治方案，而劳动分工造成的生产和决策的集权化，不仅不能保证工人自治方案的实施，反而进一步加剧阶级之间的对立。再次，在资本主义生产方式下，追求经济理性的资本家只是把劳动分工看作提高劳动生产效率、增加社会财富的工具。尽管资本主义生产方式造成人的片面化发展会引起工人的反抗，但因为资本家凭借资本享有对生产过程的控制权以及对劳动产品的所有权和支配权，只是作为雇佣工人的劳动者为争取平等地位反对劳动分工所做的一切努力都不会产生实质性的影响。最后，劳动分工作为资本主义经济理性支配下的产物，它的最终目的是实现利润最大化。资本主义社会的劳动分工与社会化大生产相适应，它们通过强制工人劳动，保证资产阶级获得最大化的剩余价值以巩固阶级统治。

　　由此，高兹强调，资本主义的劳动分工已经不仅仅是一种生产技术问题，

---

　　① 马克思恩格斯选集：第1卷[M].北京：人民出版社，2012：165.

更形成了一种带有资本主义印记的资本对劳动的统治关系、资产阶级与无产阶级之间的森严等级关系。科技在与资本主义的融合进程中，凸显出体力与脑力劳动分工的意识形态色彩，无产阶级作为直接生产者的地位不断下降，劳动完全隶属于资本。这种等级制的劳动分工导致了劳动的紧张和单调，与马克思所指明的劳动作为人的第一需要和在劳动中获得快乐幸福的愿景背道而驰，因此，只有在未来的共产主义社会中，科技被所有人掌握，并进行自由自觉的劳动和自愿合作，体力与脑力的劳动才能重新归于统一。

4.3.2　异化劳动与异化消费

存在主义时期的高兹，深受存在主义个人自由和解放思想的影响，在他看来，人类的解放意味着人们通过自由的劳动，既享受到劳动的快乐，又不断地发展自己的独特个性。在资本主义社会，高兹进一步继承马克思关于劳动的思想，通过把资本主义社会的劳动形式与自己关于劳动解放的思想相结合，重新对劳动以及异化劳动问题进行了分析。高兹认为，资本主义社会的劳动分工是导致异化劳动的根本原因，而劳动解放的实现与资本主义私有制、科学技术以及教育等问题息息相关，劳动的解放首先需要摆脱经济利益对劳动造成的异化，把劳动还原为人的自由自觉的活动。在高兹看来，科学技术和劳动分工共同塑造着资本主义社会的劳动，以雇佣关系呈现的劳动作为一个现代概念，对于劳动者而言，只是提供了一项可以帮助他们获取维持自身生活资料的工作，并不是劳动者追求的真正劳动。为了寻求实现劳动解放的正确途径，高兹在继承存在主义和马克思主义思想的基础上，立足资本主义社会的雇佣劳动关系，先后出版了《劳工战略与新资本主义》《艰难的社会主义》《告别无产阶级》等著作，探讨和分析了资本主义社会劳动异化的原因、表现、危害等问题。

前面谈到，劳动分工否定了资本主义社会劳动者的创造性、自主性、反思性和否定性等，劳动者的生产劳动要完全按照资本家的意愿进行，劳动转变成资本家控制工人创造剩余价值的形式，劳动者不仅没能获得解放，反而进一步帮助资本家延长了统治他们的时间。只有废除存在于资本主义社会的劳动分工，才能为工人阶级实现自我管理和劳动解放创造条件。除了劳动分工，资本主义私有制、科学技术、教育以及生产力和生产关系的作用等因素也是导致异化劳动的原因。其一，资本主义私有制造成了资本主义社会生产活动的二元分化，资本家因为掌握着生产资料成为生产劳动的管理者和支配者，自由的一无所有的劳动者通过向资本家出卖劳动力的方式获得生活来源，资本对劳动的剥削使得劳动者站到了自己的对立面，背离了人的本质造成了异化劳动。其二，科学技术的发展促使资本家要求劳动者在生产中按照劳动技术进行分工，技术分工要求劳动者强制服从，这在一定程度上进一步深化了等级制度和资产阶级的专制统治。此外，科学技术在资本主义社会除了生产力属性外，还具有资产阶级的意识形态属性，它揭示了劳动异化的形式和内容都是为资产阶级服务的本质，自由自在的劳动在资本主义社会被异化为一切由统治阶级做主的生产活动。其三，科学技术成为劳动异化的重要原因，离不开社会教育的推动作用。与科学技术相类似，社会教育同样具有统治阶级意识形态属性，教育为资本主义社会劳动分工和劳动异化创造了条件。为资产阶级服务的社会教育对劳动者进行了分配，接受了不同教育的劳动者在经历第一次分配后进入生产过程，生产劳动的管理者根据技术层面的任务对劳动进行再分配，使掌握着不同劳动技能的劳动者各司其职，正是通过再分配，形成了体力劳动和脑力劳动的分化，劳动异化正式形成。可见，社会教育能够培养出满足资本家生产要求的不同类型的工人，为了获得生存资料，他们被迫接受外在力量对生产活动的支配和控制，把自己束缚在枯燥的简单劳动上。其四，劳动异化的出现也是资本主义社会生产力和生产关系相互作用的结果。生产力和生产关系的矛盾是推动人类社会发展的基本动力，即使到了生产力发展水平比较高的资本主义社会，二者之间的矛盾仍然无法调和。面对社会历史发展的客观规律，异化劳动虽然为人们维持基本生存找到了一条现实出路，但却不是人类真正的解放，这种对人的本质的异化只有在生产力和生产关系实现和谐时才能彻底消除。

分析了异化劳动产生的原因之后，高兹在继承马克思在《1844年经济学哲学手稿》中提出的异化劳动理论基础上，进一步分析了异化劳动的表现，即劳动者与劳动产品之间的异化、劳动者与劳动活动本身的异化，人与人的类本质的异化以及人与人之间关系的异化。就劳动者与劳动产品之间的异化而言，根据马克思劳动价值论的观点，劳动是生产过程中唯一创造价值的因素，劳动者应该占有自己创造的产品。但由于生产资料的私人占有方式，导致如果没有资本家的资本，工人的劳动根本无法发生，一无所有的劳动者为了维持生存，不得不与资本家通过不平等的交换，把自己创造的绝大部分价值转让给资本家，由此导致了劳动者与劳动产品之间的异化。就劳动者与生产活动本身而言，劳动是人的本质属性的体现，人们在劳动过程中不断发挥主观能动性，在创造社会财富的同时还成为人们享受生活的重要方式，正如马克思所说，劳动不仅是人们谋生的手段，更是人们乐生的手段。但在资本主义社会，在物质财富尚未实现极大丰富之前，资本家掌握着社会财富的绝大多数，而大多数的工人并没有生产生活资料，为了维持生存，工人必须接受资本家把他们作为创造财富的工具，束缚在生产流程的某一固定环节，劳动者与劳动活动本身的异化是导致劳动者与劳动产品异化的重要原因。就人的类本质的异化而言，因为缺乏把劳动作为人们乐生手段的物质基础，劳动者不得不把劳动作为自己的谋生手段，生产什么、如何生产以及产品如何分配完全由资产阶级决定和控制，劳动者丧失了劳动的自主性。就人与人之间关系的异化而言，它是前三种异化表现的概括，异化劳动最终导致了人与人之间的对抗，资产阶级和无产阶级之间的剥削和被剥削关系，无产阶级之间以及资产阶级之间的竞争关系，都是人的异化的重要体现。需要明确的是，高兹和马克思对劳动异化理论批判的出发点是不一致的：马克思把对异化劳动的批判与对私有制的批判相结合，从历史唯物主义视角出发把实现全人类的劳动解放与消灭私有制相结合；而高兹受存在主义影响，从人本主义视角出发强调通过对劳动分工的批判实现个人的劳动解放。

对于劳动可以从"应然"和"实然"两个维度进行理解和把握，其中"实然"指的是资本主义社会现存的异化劳动，而"应然"指的是实现人类解放体现人的类本质的劳动。马克思认为劳动的发生意味着双重关系的建立：其一，人与自然之间的关系，其二，人与人之间的社会关系。从人与自然的关系维度考察劳动解放：劳动所需的物质生产资料需要从自然界获取，生产和生活中的废弃物则再次排到自然界，人与自然之间进行的是物质交换。贪婪的资本家为了满足无穷的欲望，对自然展开疯狂掠夺，从而造成了人与自然的对立。马克思的劳动概念包含着生态学思想，但高兹把实现劳动解放的斗争仅仅局限在人与自然矛盾的解决上，忽视了马克思强调的社会基本矛盾运动对实现劳动解放的作用，因而导致在劳动解放问题上陷入乌托邦。从人与人之间的关系维度考察劳动解放：劳动作为人的对象性活动，通过对象表征人的存在，异化劳动是劳动发展到某个阶段的产物，它不是从来就有的，也必然走向消亡。作为谋生手段的劳动带有明显的非人性，把劳动者带向了自己的反面。从奴隶劳动到雇佣劳动，体现的是异化程度的不断加深，也正是在这一过程中，异化劳动不断创造出消除异化、实现劳动解放的社会财富，资本主义雇佣劳动越是造成人的异化，就越是不断积累解决自身异化的力量。此外，高兹发现了有酬劳动对作为人的类本质的劳动的异化，认为劳动解放意味着人们不需要劳动，在劳动之外寻求解决劳动异化的方法，强调劳动解放和社会制度的结合，因为忽视了物质力量在劳动解放中的决定作用而陷入空想。同时，高兹还强调劳动解放应该与劳动时间的解放、自然界的解放以及人的解放结合起来，这在很大程度上继承了马克思劳动解放理论，但在实现解放的问题上，高兹还是背离了马克思，认为只有自由时间能够实现劳动解放，而劳动时间这一实现解放的最根本因素则被高兹直接拒绝。

劳动异化在带来人与自然、人与人之间关系异化的同时，还导致了"消费异化"。"消费异化即人为补偿精神空虚而采用更多、更好的消费活动来满足自身的一种方式"。[①] 高兹认为，资本主义社会的消费异化直接源于劳动异化，工人在社会生产中由于劳动的异化不断地感受着单调、乏味和枯燥的生活而又无法摆脱，心理补偿原则促使劳动者将注意力转向对商品的消费，资本主义社会已经转变成一个消费主导的社会，劳动者为了实现经济理性，借助消费者的补偿心理不断销售自己生产的过度商品，进而造成过度消费。资本主义社会的维护者试图通过把人们的过度消费看作可以消化资本主义经济危机造成的生产过剩的手段来为资本主义社会做辩护，高兹在批判这种观点的基础上指出，资本主义异化的劳动使人丧失了自由，而异化的消费带来的心理满足被人们误解为幸福。

---

① 俞吾金，陈学明. 当代国外马克思主义哲学流派新编[M]. 上海：复旦大学出版社，2002：494.

4.3.3　异化消费与"丰裕的贫困"

资本主义社会生产的目的不再指向满足人的需求，资本主义消费的目的成为刺激生产的手段。高兹指出，为了实现利润的最大化，资本家以破坏自然环境和浪费自然资源为代价，开启了资本主义社会的生产活动，造成了越来越严重的生态危机。在生产中处于异化状态的劳动者由于只能获得仅仅维持基本生活的工资报酬，因此无法购买资本家的商品，生产的产品相对于人们的购买力而言出现了剩余，进而造成了经济危机。为了缓解经济危机，同时又不动摇自己在社会的支配地位，资本家开始引导工人阶级通过高消费的方式提升整个社会的消费能力，从而导致了人们的异化消费，资本主义社会进入一种"丰裕的贫困"状态。

就异化消费的本质而言，它是资本主义社会的资本家为了更多地售卖自己的商品，变相地强加给工人的一种消费主义的价值观。资本主义社会的固有矛盾导致资本主义世界周期性地爆发经济危机，以生产过剩为主要特征的经济危机，并不意味着社会生产的产品数量真的超越了人们消费需求的数量，生产过剩是相较于资本主义社会劳动者有限的购买力而言的。资本主义社会之前的社会生产之所以没有出现生产过剩的现象，是因为前资本主义社会没有建立在经济理性的基础上，资本主义社会的资本家对利润的无限追求导致他们生产出大量成本低廉、并不实用的产品，拿到市场上去交换，以期望得到高价回报。为了刺激消费，资本家给商品赋予某种极富吸引力的信息或符号，人们争相购买并不需要的商品，从而导致了异化消费。消费异化的出现使资本主义的生产和消费陷入恶性循环：对生产而言，资本家并不是真正生产那些满足人们切身需要的产品，而是为了借助产品这一中介达到获利的目的；对消费而言，人们不再根据物品的实际使用价值挑选自己的消费对象，异化消费把能够购买到的产品数量作为衡量幸福的标准。对生产和消费的主体而言，在生产中不能决定生产什么，在消费中被资本家主导自己的意图不能购买到真正需要的商品。"为了消费而消费，过度消费、超前消费、符号消费越来越严重。消费异化并没有让人摆脱地狱，相反是从一个地狱掉到另一个地狱，人的生命意义已经荡然无存了，只沦为资本主义赚钱工具上的一个零件"①。

就消费异化的根源而言，高兹认为社会制度导致了消费异化。资本主义社会生产的动机不再指向消费者的现实需要，而是沦为资产阶级创造金钱收益的方式，它服务于资本家利润至上的追求。为了实现劳动产品在市场上的交换，资本家想方设法甚至不惜一切代价通过不切实际的广告宣传，刺激人们的购买欲，制造人们的虚假需要。资本主义生产方式下，资本家考虑的是什么商品能够带来最大收益，如何加快商品的流通速度以增加市场的购买量，只要商品的流通速度快，无论商品的质量如何、使用价值大小，都可以通过精致的包装转换为高档商品，此外，加上媒体的效果宣传，不仅让消费者把购买质量低劣的产品误解为物有所值，甚至成为热衷追捧的商品。加工包装后的资本主义市场到处欣欣向荣，而背后掩盖的是，不承认资本主义私有制不符合社会发展现实的资产阶级，为了维护资本主义制度制造的"虚假需要"和"虚假消费"。此外，科技发展带来的劳动异化是导致劳动者陷入异化消费陷阱的重要原因。技术的更新提高了社会生产能力，但这并没有帮助工人从精细的劳动分化中解放出来，人们在生产线上重复单调乏味的工作，既不能决定生产什么也不能按照自己的意愿消费。前资本主义社会，人们可以根据自己的需求进行劳作和交换，而资本主义社会被动丧失自主性和创造性的劳动者，选择通过异化消费排遣自己的苦闷和无助。

根据萨特的观点，人是自由的，能够自由选择成为什么样的人。高兹深受萨特存在主义思想的影响，但现实资本主义社会绝大多数人无法自由选择自己的生产和生活方式，只能接受资本主义社会给定的唯一选择。根据马克思主义的观点，生产决定消费和需要，不同于自由主义经济学家把生产对消费的决定作用归因于市场，高兹认为，资本的生产逻辑决定了资本直接决定着生产，并进一步决定着消费和需要，"在资本逻辑不断扩张下，它不仅使消费品象征性地穿上了所谓需要容易得到满足的外衣，同时也催生出一些新的

---

① 张世昌. 安德烈·高兹的消费异化批判理论探析[D]. 哈尔滨：哈尔滨工业大学，2016.

需要"①。这样，人的需要在资本主义社会表现为基本需要和新的需要两种，其中，基本需要主要是满足人的衣、食、住、行等最低限度的生存需要，新的需要指的是人之为人的全面发展的需要。高兹强调，相对恶劣的物质环境更容易刺激需要的发展，这里的需要既包括资本家蓄意制造的虚假需要，也包括人们真实的基本需要和新的需要。"异化消费"满足的正是被资本家营造出来的"虚假需要"，这种表面上以"历史需要"状态呈现的实际是"需要的历史形式"。

高兹以汽车这一奢侈品在资本主义社会转变为大众化的消费为例，揭露了被资本家制造出的消费的虚假性。高兹把汽车和别墅等商品看作少数资本家的独享，这种反映资本家特权的商品建立在牺牲大多数利益的基础上，资本家只有通过剥削工人赚取足够的财富才能支付得起高额的费用，因此，对于无产阶级而言，他们作为被剥削和压迫的劳动工人并没有足够的购买力去消费汽车等对他们来说是奢侈品的商品。但从资本主义社会的消费现状来看，私人汽车已经被资本家转变为大众化的消费品。对生产者而言，为了遵循生产越来越好的根本原则，他们只能把批量生产的汽车通过广告宣传等方式变成强制性需求；对消费者而言，劳动的异化加上资本家的误导，导致他们消费观和价值观的扭曲，认为随处可见的东西没有价值，只有那些比别人拥有的还要好的东西才珍贵，而且这种东西的占有越多，越能体现一个人的身份。为了获得汽车这种商品带来的比别人速度更快的特权享受，无产阶级宁愿欠债购买。这样，汽车等特权商品被异化为与科学技术和社会教育等相类似的社会意识形态，高兹进一步揭示了汽车作为社会意识形态的虚假性。首先，从汽车与消费者之间的关系来看，资本主义社会的异化劳动导致广大劳动者片面发展，除了掌握生产流程中的某种固定简单操作，对其他技术一无所知。汽车的构造也决定了它的保养和维修工作只能由汽修专业的人才能承担，当一般消费者购买到汽车后，作为驾驶者他们只是汽车表面上的所有者，一旦汽车出现问题，不得不通过进一步的被迫消费寻求第三方的汽修服务，因此，

---

① 温晓春. 安德烈·高兹对资本的准生态批判[J]. 湖南工业大学学报（社会科学版），2011，16（05）：60-64.

作为消费者，他们只是汽车的使用者和无穷无尽的后续消费的买单者。其次，从汽车的正常使用来看，购买者再次成为不同行业和领域的持续消费者。维持汽车的正常运转需要不断地为其注入石油燃料，当人们购买到汽车后，不仅享有了精英才有能力享有的速度特权，同时也获得了跟他们一样的消费压力，只要人们使用汽车，就需要成为与汽车相关的石油和冶金等行业的持续消费者。可见，一般消费者一方面在不同行业接受着资本家的剥削，另一方面又把被剥削后获得的有限生活资料通过消费的方式还给资本家，成为资本家扩大再生产、对他们实施更严苛的剥削的资本。

资本家的消费策略表面看上去带动了资本主义市场交易的繁荣发展，但一般消费者在获得非民主化的奢侈品后，把少数有钱人的消费特权转变为大众化消费，这种转变除了满足资本家的最大获益，给一般消费者带来短暂享受外，便是随处可见的弊端。其一，人们购买汽车的目的是要增加幸福感，获得更多能够自由支配的时间和空间，追求经济理性的资本家为了获利源源不断地生产并销售汽车，行驶在道路上的大量汽车造成了交通拥挤，而根据交通规则，驾驶员不能随便停车、超车甚至行驶过慢，这与人们购买汽车追求的速度特权相违背。其二，汽车的行驶离不开能源和燃料的支持，能源消耗以及随之带来的尾气排放、噪声污染增加了生态的承受压力。这样看来，汽车对人的吸引力只是资本家营造出来的幻想，即使最初汽车刚刚面世时给人们带来了某种程度的特权享受，但资本的生产逻辑决定了必然会有越来越多的汽车出现在柏油马路上。

马克思在批判资本主义社会的生产方式时指出，资本家通过不断扩大再生产，实现了财富的积累。与资本家相对，绝大多数的无产阶级在资本主义社会进行着贫困的积累。资本主义经济危机的爆发揭示了无产阶级的购买力与资产阶级的生产能力之间的不匹配。无产阶级的购买力直接体现的是他们的收入水平，随着资本主义社会生产的发展，资本家的财富积累与劳动者收入之间呈现剪刀差趋势，财富的两极分化意味着相对于资本家财富的大幅增加，劳动者工资收入的增幅要小得多。基于此，马克思指出资本主义社会一边是资本家财富的不断积累，另一边是雇佣工人越来越多的贫困积累。高兹异化消费考察的是雇佣工人在越来越"贫困"的前提下的消费情况，资本家在经济理性的指导下，既造成了整个资本主义社会"丰裕的贫困"，也在广大雇佣工人中形成了"丰裕的贫困"：就整个资本主义社会而言，资本家是丰裕的，雇佣工人是贫困的；就广大劳动者而言，他们在资本家支配下进行的异化消费看上去是丰裕的，但消费过后却是贫困的加剧。

高兹对资本主义的生态批判主要集中在对经济理性的生态批判、对科学技术的生态批判以及对劳动分工的生态批判三方面。其一，经济理性是资本主义生产方式的根本追求，为了实现利润的最大化，资本主义社会出现严重的生态危机，造成了人与自然、人与人以及人与社会之间关系的普遍异化。在高兹看来，资本主义社会的生态危机是导致其他一切危机的根源，而生态危机是由经济理性决定的，为了消除资本主义生态问题以及普遍异化，需要超越经济理性的藩篱。其二，经济理性支配下的资本主义社会借助科学技术实现利润最大化，本应为中立的科学技术就这样被赋予了资产阶级意识形态属性，资本主义社会的掌权者通过"技术法西斯主义"加强了阶级统治，同时，科技在资本主义生产中的应用同样带来了严重的生态问题，因此，高兹认为对科学技术的批判需要通过对资本和生态的反思实现。其三，经济理性的支配和科学技术的应用都是为了资产阶级的财富积累，而从其对立面来看，资本逻辑下的生产还造成了劳动的分工。劳动分工是资本主义社会一切异化的根源，它进一步导致了劳动异化、消费异化以及"丰裕的贫困"等问题，而这些问题中的任何一个都会导致严重的生态问题，因此，对资本主义的生态批判，还必须从根本上摆脱经济理性导致的劳动分工。

第 5 章 高兹生态学马克思主义思想的旨趣："生态社会主义"的建构

走出马克思主义还是更新马克思主义是高兹存在主义哲学的政治建构中面临的一次选择。高兹认为对现代工业社会的批判不能离开马克思主义关于社会主义的构想，离开社会主义的参照也就无法提出超越资本主义经济理性的目标。高兹认为社会主义包含着超越经济理性的高级合理性，必须通过建设生态社会主义实现生态理性对经济理性的限制。走向生态社会主义是超越经济理性、实现生态理性的最佳选择，社会主义能够克服资本主义的逐利性，使人与自然、经济发展与生态保护相协调。

5.1 生态社会主义的提出

苏联解体使社会主义发展迷失了方向，是否所谓"真正的社会主义"制度倒台了？高兹指出苏联模式的社会主义不是真正的社会主义，传统的社会主义也不是真正的社会主义。传统社会主义的目标和任务已经过时，革命主体力量的消失以及现代劳动、技术的变化决定了传统社会主义作为一个体系已经结束。高兹认为苏联社会主义模式不仅不是社会主义的失败，恰恰是说明经济理性占据主导地位的社会形态无法避免失败，必须从超越经济理性出发构建生态社会主义道路。

5.1.1 批判传统社会主义

苏联社会主义模式对资本主义的超越是消灭资本占据主体地位而恢复到前现代社会。这个社会是一个"工作和生活、社会和社群、个人和集体、文化和政治、经济和道德的统一"①。苏联模式的社会主义是一个个人、社会、国家高度统一的社会，是一个政治、经济、文化高度统一的社会体系。在苏联社会中，"国家权力、法律、经济、政治和文化等不需要决策，当局也不需要分门别类的管理机构，因为它将一劳永逸地创建一个稳定、公正和良好的秩序"②。苏联高度集权的政治经济体制把成员全部的生活纳入到一个有组织、有计划的机器系统中，在这里，人类历史达到终点，再无"进步"。苏联模式的社会主义把这个高度集中的政治经济体制以无产阶级专政的形式，不加区别地把个人、社会、国家统一起来的制度没有充分考虑到个人的能动性和创造性。个人必须在集体中认识自己，感知自己，并始终服务于集体的目标、任务。这一点与现代工业社会极大不同，它的劳动分工、生产交换要充分考虑现实的需求以及客观的物质条件，因而资本主义制度包含着多样性、不稳定的内容。资本主义发展的商品经济和市场经济，并不要求完全不加以区分地彻底融为一体的政治经济体制，而是相对自主的经济制度和企业管理，他们各自按照自己的规律运行，而传统社会主义社会假设能够统一把握所有人的需求或利益。苏联模式的社会主义通过制定计划来掌控所有人的需求和利益，尽管社会由于巨大的管理系统使每个个体特殊的目标变得容易操作，但是这种掌控本身独立于政府和社会，与上层决策和下层创建形成对立。"苏维埃制度中的政治—行政决策不能够根据真实的经济环境及实际需求作出调整。该制度丧失了发展活力，无法再生产，更无法掌控资本主义工业社会的复杂程度，跟不上它的创新速度"③。高度集中统一的政治经济体制取代资本主义市场经济体制，用计划配置产品，通过层层计划管控实现民生调配，事实上造成官僚主义的计划机器，以新的不平等、不民主的形式代替资本主义剥削下的不平等，其异化程度不亚于资本主义制度。所以高兹认为苏联模式的社会主义具有前工业社会和现代工业社会的缺点，却没有两者的优点。

---

①　安德列·高兹. 资本主义，社会主义，生态　迷失与方向[M]. 彭姝祎译. 北京：商务印书馆，2018：6.

②　安德列·高兹. 资本主义，社会主义，生态　迷失与方向[M]. 彭姝祎译. 北京：商务印书馆，2018：6.

③　安德列·高兹. 资本主义，社会主义，生态　迷失与方向[M]. 彭姝祎译. 北京：商务印书馆，2018：7.

　　苏联模式的社会主义借助计划经济体制集中力量发展经济取得巨大成效，但高兹认为这种社会主义模式仍然没有摆脱经济理性的控制。高兹认为苏联模式的社会主义虽然不是通过发展市场经济塑造资本逻辑管理和支配人们的生活，但是计划经济体制仍然服务于经济理性的目标，所以造成人与自然、人与人的异化。高兹指出苏联发展经济的同时造成生态环境的恶化以及社会的分裂，特别是迅速发展的重工业导致环境污染、生态严重恶化。以经济理性为主导，不论是采用市场经济还是计划经济，都将导致人与自然、人与人之间走向异化的、变态的关系。特别是苏联高度集中的计划经济体制严重削弱了个人自由发展的空间，高度整合的国家社会秩序造成社会主义的僵化体制，严重同现实世界的客观内容隔离开来，以致于在苏联模式的社会主义发展后期，经济发展严重停滞，人民群众在日益加深的矛盾和冲突中抛弃苏联的社会主义模式，返回到资本主义制度上。苏联模式的社会主义把追求经济增长作为目标，它通过精心规划的、外在的整体经济控制的市场取代资本生产的内在规律，但是还是造成在过度生产和过度消费之上以追求利益作为目的生产方式。

　　高兹认为苏联模式的社会主义不是真正的社会主义，不过是借助科学的理论体系为经济理性的作用冠以名义。高兹认为苏联模式的社会主义是经济理性主导的社会，不过是现代资本主义社会的一种变形而已。苏联模式的社会主义的失败是经济理性占据主导地位的社会制度的失败，只要是经济理性决定着人们日常生活以及道德内容，就不可能从根本上解决现代社会的危机。高兹对传统社会主义主要是对苏联模式的社会主义的批判，高兹认为受到经济理性统治的社会主义不是真正的社会主义，真正的社会主义将使经济行为服从于社会的目的和价值，应当寻求建立真正的社会主义。这里存在这样一个问题，高兹对苏联模式的社会主义弊端的揭露存在其合理的内容，但是应当区分苏联模式的社会主义不是马克思关于社会主义的构想。高兹忽略了苏联模式的社会主义不能等同于马克思的社会主义构想。苏联建设社会主义的实践首先不符合马克思在占有生产力总和的基础上实现社会主义的构想。苏联社会主义的失败不是社会主义的失败，我们需要首先明确苏联社会主义的实践不能等同于马克思的社会主义构想。高兹也指出苏联模式的社会主义的失败不是真正社会主义的失败，但他指向的是和马克思的社会主义不同的构想。高兹对苏联模式的社会主义的批判以及真正社会主义的构想背离了马克思主义理论。高兹关于真正社会主义的构想将在下文进一步阐述，其内容的正当性、合理性以及建设性需要在进一步的社会实践中加以说明。

5.1.2　批判改良资本主义

这里对改良资本主义的批判主要是指对生态资本主义的批判。改良资本主义主要是指绿党政治在资本主义框架内提出的解决生态危机的生态资本主义。在前文我们已经指出这是一种基于生态技术发展改良资本主义的社会模型，他们在资本主义制度范围内强调以绿色发展限制资本主义工业化发展。生态资本主义基于资本主义经济对生态造成的破坏强调要承认自然界的价值，主张经济发展要以保护生态为界。但是生态资本主义消灭复杂的工业经济前提是建立在资本主义制度前提下，其超越资本主义的方式是把环境价值纳入到经济生产标准下，要求在考虑环境因素的同时推进资本主义生产。在方式上，主要是通过技术控制经济发展在生态许可的范围内进行，发展绿色经济和生态经济。在某种程度上，通过生态技术发展制造出直接代替自然资源的合成材料能够缓解资源的过度开采，但在本质上将形成一种生态科技-法西斯主义。它可能改变工业生产的内容和模式，但无法消除工业化、专业化的任务分工以及商品交换。现代社会生态产业化、环境技术化甚至伦理生命也进入商业化的生产模式，反而造成文化商业化、生命伦理技术化。生态危机的解决不是靠发展绿色经济就能促使经济合理化，也不是靠技术专家、伦理专家就能解决的，"把伦理搞成专家的特长，等于把日常的实际和文化抽象化，等于看着伦理灭绝"①。

生态资本主义发展的生态商业和生态工业仍然以追求利润为动机，没有形成合理的经济目标，像资本主义工业社会经济发展一样追求的效益最大化。仅仅通过重新规划经济生产内容，加强国家对市场机制的调控并不能从根本上抑制经济理性的作用，也无法解决经济发展和生态环境之间的矛盾。事实

---

① 安德列·高兹. 资本主义，社会主义，生态　迷失与方向[M]. 彭姝祎译. 北京：商务印书馆，2018：62.

上这是一条资本主义生态现代化的道路，通过发展现代生态工业再造人类生活的自然基础，在生态经济发展背后仍然是不断追求利润最大化，以生态为目标掩盖着正在破坏生活的自然基础的事实。高兹认为生态资本主义没有放弃经济理性的传统，造成现代资本主义经济借助生态的名义扩张财富。从根本上说，生态资本主义属于资本主义体系内的技术改良，在资本主义生产体系内做出的调整无法冲破资本逻辑的统治地位。按照马克思主义的理论而言，资本主义私有制决定了在资本主义范围内的发展无法突破经济理性的障碍。生态资本主义是当代资本主义面临严重的生态危机而做出的调整，在本质上不能解决为经济发展确立生态、文化等的伦理目标。在资本主义国家中，无法调和的人与自然以及人与人之间的生态危机、社会危机经常通过转移到相对落后的发展中国家而得以调整，不断向落后国家输出资本、技术，利用这些国家廉价的自然资源以及劳动力满足资本逻辑扩张的本性，同时达到缓解本国生态环境压力的目的。这种转移就全球生态治理而言是毫无意义的，因为生态危机将陆续在其他国家爆发成为全球性的生态危机。

应当认识到生态资本主义渴望超越资本主义弊端的设想无法实现一个不同于过去的发展模式。生态资本主义倡导者没有预见到这种资本主义超越自身的现代化结果是后工业社会的诞生，他们以为资本主义的危机将在重构资本主义生态文明的过程中走向灭亡，因而寄希望于通过外部限制管理经济理性的目标。事实上这不过是"崇尚历史的辩证唯物主义被崇尚大自然善心即有待重建的自然秩序的准宗教信仰取代了"[①]，他们所倡导的将是一个去工业化的乌托邦构想。资本主义是否有潜力进行自我解放，是否能够基于资本主义制度的不稳定性和多样性超越自身的形态，看看它所奉行的准则就可以知道资本主义自我改良是否可行。高兹指出只要资本主义发展在经济－工具理性的指导下，就一定会深入人们的生活中破坏道德－实践理性和伦理－实践理性的作用，而使现代社会不断走向严重的生态危机和社会危机。所以必须在取消经济理性对现实需求的压制中提出关于消灭资本主义的构想，限制以盈

---

① 安德烈·高兹. 资本主义，社会主义，生态——迷失与方向[M]. 彭姝祎译. 北京：商务印书馆，2018：8.

利为标准的目标，进而引导管理、技术、文化从追求利益最大化的目标下解放出来，这是否定生态资本主义而必须社会主义的本来意义。

5.1.3　重新定义社会主义

苏联模式的失败，很多人以为西方获胜了，在资本主义制度以外不再存在其他的制度。他们迫不及待地承认市场、商品、盈利，并认定没有替代资本主义制度的社会形态了。除此之外，苏联模式的社会主义的失败还造成社会主义理想备受责难，高兹指出苏联模式的社会主义的失败是社会主义传统内容的失效，比如充分发展生产力、取消商品关系等内容无法取消工业制度的复杂性，反而造成没有任何活力的社会制度。高兹认为社会主义初创的意义在于消灭资本主义，但是应当考虑到其随着环境的改变而需要做出的改变。苏联模式的垮台表明应重新认识真正的社会主义，在超越资本主义的意义上重新定义社会主义。现代工业社会受经济理性统治，日常生活货币化、职业化，已经成为一个典型的工薪社会。退出工薪社会首先需要对资本主义制度提出质疑，而且不论是否能够产生一个具体的计划，都表明必须超越资本主义。不再以效率、盈利等经济理性为目标，而迫切需要发展一个经济服务于社会最高目标的社会制度。社会主义将在超越资本主义的意义上定义自身，"社会主义"一词似乎不再指称任何既存的社会秩序，也不再指称任何在短期或长期内有望实现的社会模式。高兹再次发问，既然社会主义不能作为一个确定的社会形态来定义，那超越资本主义一定需要以社会主义作为参照吗？社会主义已经定义为反对资本主义，反对从社会力量对比、决策过程、技术、劳动、日常文明、消费直到发展模式都追求最大利润的社会形态。不能放弃以社会主义作为参照超越资本主义的路径，只有这样，才能把消灭经济理性始终作为重建社会制度的任务确立下来。因此从反对资本主义来定义社会主义，从反对以一味追求利润为目的的社会形态定义社会主义自身。

高兹指出超越资本主义不同于消灭资本主义，不能在传统的意义上再定义为消灭资本主义私有制。社会主义运动不是废除经济理性本身，也不是废除经济、商品、资本。高兹认为资本主义制度和资本逻辑是两个不同的概念，经济理性代表着一种客观的理性，在资本主义制度下，资本逻辑是经济理性在资本主义社会中的作用方式，社会主义运动不是通过消灭经济理性消灭资本逻辑，而是在不"取消资本的自主性和逻辑意义的前提下，实现对资本主义的消灭"①。必须在新的组织结构中重塑经济理性的目标，才能在保持经济发展的前提下建立新的社会秩序。任何后退到前工业文明的途径都不可能消灭异化人的力量，通过建立统一的社会制度解决现实世界多样性的需求必将造成灾难性的后果。高兹认为现代社会主义运动的出路在于为经济理性确立健康、生态的目标，使社会系统的运转能够允许越来越多自决的空间。引导经济理性走向一种和个人的自由全面发展并不冲突的理性原则。

　　"社会主义既不能也不该被构想为一种替代制度，它不是别的，而是超越资本主义。"②社会主义对经济理性的限制并非是一种消极的压制，而是一种积极的扬弃。不能强制性地消灭经济规律，否则也是以政治强权取代经济强权，例如苏联的社会主义制度仍然没有把个人的需求考虑在内。之所以是在超越资本主义的意义上提出，这里就包含着社会主义经济的发展不再奴役个人存在和发展的空间。资本主义为经济理性的发挥提供了最大的空间，而日益独立于个人的资本力量因此产生了破坏性的结果。严格限制经济理性，重新规范经济理性的组织方式、作用方式，引导经济和重塑经济的同时不破坏它的自主发展能力，引导经济发展走社会和生态之路成为社会主义的根本目的。现在需要解决的问题在于"保持国家、文化、司法言论甚至经济的相对独立，同时不放弃对经济和技术发展的重塑，引导其走社会-生态之路"③。超越资本主义重建生态社会主义的真实意义在于消除限制个人发展的经济体制，使个人从资本逻辑的统治下解放出来，使个人重新获得组织自己生活的时间和空间。高兹认为，必须改变对科技的资本主义运用，超越资本逻辑，把人们从被商业和政治的支配下解放出来，实现时间解放、建立一种新的社会制度的核心是给予人在时间上的积极主动权，使人成为自身获得解放的、自由的人。这种社会主义采取生态社会主义的模式，以生态理性为指导，解放从前被经

---

① 安德烈·高兹. 资本主义，社会主义，生态　迷失与方向[M]. 彭姝祎译. 北京：商务印书馆，2018：113.
② 安德烈·高兹. 资本主义，社会主义，生态　迷失与方向[M]. 彭姝祎译. 北京：商务印书馆，2018：15.
③ 安德烈·高兹. 资本主义，社会主义，生态　迷失与方向[M]. 彭姝祎译. 北京：商务印书馆，2018：13.

济理性所控制的社会生活领域，追求"生产地更少，生活得更好"的社会目标，使"非工人的非阶级"群体通过一种自愿合作的社会体系，行使自主决定其生活的权利，实现个人自由、平等的权利。"一旦资本主义社会运动为实现下列目标而斗争，即争取一种从人们的切身需求出发，充分考虑人们的愿望和利益的发展模式，就会为超越资本主义开辟道路。"①我们仍然按照传统社会主义来定义，"把社会主义理解为追求由资产阶级革命所开启的个人的彻底解放"②，只是现代革命主体的变化以及革命对象、方式都发生了变化。

具体而言，高兹生态学马克思主义思想所提出的生态学社会主义方案秉持生态理性原则，强调经济理性对生态理性的让步和服从，一句话来概括之，那就是使生产和利润最大化的经济标准服从于社会-生态标准。这是对社会主义的重新定义，突出了生态理性的标准和原则。高兹认为，传统的社会主义或者真正的社会主义在生态上已经死去，但真正的社会主义将"在历史的地平线上重现"。这种真正的社会主义运动，建立在生态伦理、环境道德的基础上，体现着个体的自由联合、民主团结的运动特征，从而实现了对经济理性的社会-生态限制。社会-生态限制能够保证人类个体的劳动尊严以及在集体的层面上自主决定生产方式和生活方式的权利，可见，生态理性关涉人类个体的合理需求和自由解放，目标是建立一个真正实现人与自然、经济发展与生态保护和谐共生、彼此共赢的生态社会主义社会。

这种生态社会主义，仍然继续坚持了经济效率，毕竟社会主义的发展需要坚实的经济基础和物质财富。但它会坚持生态理性的理念和原则，使经济理性的工具性服从于生态理性的价值性，用尽可能少的自然资源生产出尽可能多的高使用价值的产品，在保证经济发展的同时实现生态理性的目标。因此，资本主义生产方式的逐利性始终与生态破坏、劳动异化相伴随，最终导致了资本主义的经济不合理、生态不持续。走向自我约束、生态永续的生态社会主义，把经济理性和生态理性统一起来，实现生活得更好、消费得更少

---

① 安德列·高兹. 资本主义，社会主义，生态　迷失与方向[M]. 彭姝祎译. 北京：商务印书馆，2018：15.

② 安德列·高兹. 资本主义，社会主义，生态　迷失与方向[M]. 彭姝祎译. 北京：商务印书馆，2018：57.

的社会，是人类获得自由解放和全面发展的唯一正确道路。

5.2　生态社会主义的内核

"'社会主义自身'的未来问题就变成了了解各种矛盾、需求、冲突以及要求超越资本主义并在社会关系和人与自然的关系方面包含有反资本主义萌芽的愿望是否或以何种形式继续发展的问题。"①高兹从现代工业社会的矛盾、冲突和危机出发阐明社会主义的内容，超越资本主义经济理性，构建社会主义生态理性，实现自我管理、自我设限，最终实现生态劳动。

5.2.1　生态自我

高兹认为传统的工人阶级已经消解，自身已经陷入危机的工人阶级已经不能担负起社会主义共建的任务，必须重新寻找革命动力和新的历史主体。他强调，要实现社会主义的生态革命，必须"告别工人阶级"，依靠"非工人的非阶级"。现代工业社会产生代替传统工人阶级的"非工人的非阶级"，他们在资本主义生产过程以外产生，构成超经验的一个主体。高兹指出"非工人的非阶级"代替传统阶级意识将由个人意识占主导地位，他们根据自己的现实地位、生存状况获得自觉意识。"非工人的非阶级"是一个"自由的主体性"，是对从资本主义生产中产生的工人阶级主体的超越。高兹认为传统无产阶级的阶级意识建立在自主性被剥夺的基础上，而新工人阶级则是一个意识到自身力量的阶层。高兹否认传统工人阶级在生产过程中反对资产阶级的革命意识包含着独立自主的力量，认为只有在劳动之外，在任何阶级之外，才能够在拒斥现代异化劳动的过程中规定自己的主观性。马克思指出工人阶级在资本主义雇佣劳动中一方面受到异己力量的统治，另一方面还能获得作为一个阶级联合起来的力量。正是因为异化和扬弃异化走的是同一条道路，因为在对象化中才能获得扬弃异化的力量，所以工人阶级在肯定生产劳动、否定异化劳动、扬弃异化劳动的过程中向人自身返还，在这一过程中工人阶级扬弃物的依赖性获得独立的自我意识。高兹却认为随着劳动场所的变化和社会多元

---

① 安德烈·高兹. 资本主义，社会主义，生态　迷失与方向[M]. 彭姝祎译. 北京：商务印书馆，2018：56.

化发展，工人阶级作为一种统一的主体力量正在消失，而形成"非工人的非阶级"这样一种非力量。高兹认为这个阶级在劳动之外获得关于自身革命力量的认识，恰恰是这种非规定性构成革命的自决意识。高兹认为只有非工人阶级能够通过社会结构性调整超越资本主义经济理性的控制，在拒绝资本主义劳动的同时实现自由自在的主体性内容。现代社会自治领域不断扩大，而他治领域不断缩小，这样一种"双面社会"的形成为新工人阶级能够这样行动创造条件，在实现个人劳动解放和时间解放的前提下充分发挥个人的独立性和自主性。非工人阶级预示着非政治的，强调个人主权的社会运动的兴起，社会主义运动"是一场集体和个人自决、个人完整和个人自主权力的运动"①。

被劳动和工作排斥出去的非工人、非阶级将通过自我管理对需求进行自我设限重建工作世界以及生活世界。自我管理是实现工人自治的一个重要环节，也是解决苏联模式的社会主义国家机器成为经济发展的组织造成上层和下层之间缺乏民主反馈的弊端。社会主义要放弃作为一个大的机器系统存在，摆脱对个性充分发展的限制，需要建立一个自由的社会组织体系。可以通过取消商品关系、市场关系来摆脱限制个人的资本逻辑，取消国家建立一个成员自由、平等交往的社群社会，实现自给自足、自我管理自己的生活，但这种社群自治仅限于小的社会团体。构建生态社会主义不取消一切的商品关系，不是从消灭一切政治、经济生活来取消政治经济高度集中的体制，而是在不压缩社会成员各自意愿的前提下，把社会变成一个相互协作和自我管理的组织体系。自我管理意味着社会组织结构能够充分考虑个人的需求和意愿，"在制定战略和作出决策时，以个体在各自的组织、社团中的切身需求和实际利益以及民主动议为出发点"②，社会主义在生产、消费、生态等各个领域为个人充分发展开创空间。通过重建经济、政治、文化内容，为个人实现自我组织、自我管理创造条件。

自我管理可以消除存在于现代社会劳动场所的等级秩序，通过摆脱高度

---

① 安德列·高兹. 资本主义，社会主义，生态　迷失与方向[M]. 彭姝祎译. 北京：商务印书馆，2018：99.
② 安德列·高兹. 资本主义，社会主义，生态　迷失与方向[M]. 彭姝祎译. 北京：商务印书馆，2018：60.

集中的官僚经济体制，消灭科层管理对工人的压制，不断缩短劳动时间和增加工作安排的弹性都是为了使工人能够建立一个共享、自我、自愿的合作体系，把对生产的控制权、管理权归还于工人。实现自我管理不是退回到自耕自足的小农时代，而是要促进现代工业技术发展服从个人自治和集体自决的目标。自我管理必须建立在团结合作的基础上，必须依赖联合起来的力量才能对现代工作场所、劳动分工重新规范，非工人阶级才能摆脱现代官僚经济体制，发挥主体力量。"自由时间要成为一种解放和实现人的全面发展与社会主义的条件，必须要有一个集体设施能为人们的自主活动和相互交流提供一个空间，必须要有一个非市场的、自愿合作的交流和生产系统"①。自我管理建立在个体之间的合作以及与自然的合作之上，归根结底是对现代技术的生态改造。高兹指出，以增长为导向的资本主义和过去的社会主义，都不能代表我们未来的社会主义形象。要克服资本主义的异化，实现自我管理和自主斗争，要从工厂企业的劳动场所开始，通过斗争来确认领导权，通过工人控制，实现劳动者的自我管理，最终实现社会主义的自治。这种争取社会主义的斗争策略，不同于过去的社会主义，因为它是基于人的自主性和创造性，同时，又根据现代西方资本主义的实际情况，以生态的、基层民主的方式和"非工人的非阶级"为新的历史主体，逐步实现对生产过程的控制，以合法的、改良主义的方式来逐步实现对现存社会制度和生产方式的变革。

对经济进行生态重建，取消技术官僚主义和国家官僚主义统治不仅需要重构生产秩序，而且还需要重建生活世界。现代经济理性霸占公共领域主要通过破坏传统生活方式破坏日常生活来实现。现代社会个人需要根植于生产当中，超出真实需求的欲望经常通过过度消费实现，所以限制经济理性使生产和商业发展的速度降下来也要对需要的限度进行规定。"为了重建我们生活的世界，那么就必须对需求自我设限——这也是获得自主权的一种方式"②。生态社会主义通过人对自身的需求、欲望自动设限，实现对商品、经济发展

---

① Andre Gorz. Paths to Paradise: On the Liberation from Work[M]. London: Pluto Press, 1985: 103.

② 安德烈·高兹. 资本主义，社会主义，生态 迷失与方向[M]. 彭姝祎译. 北京: 商务印书馆，2018: 16.

自动设限，并因此对自己的劳动时间自动设限，通过对自己需求、劳动时间、休闲时间的管理以便能够最大限度创造个人自主决定生活的权利。自我设限奠基于自我管理，没有对生产方式、技术、劳动的管理，就不能实现对消费方式、需要以及时间上的自主安排。通过民主的方式重新设定经济发展的范式，拓宽自我生产的范围归根结底要体现为开创一个个人自决的生态空间。反过来，生态社会主义需要自我设限为自我管理提供意识形态的支撑。在生活世界重建关于未来理想生活的积极愿望，以一种积极的姿态从改变自身的生活方式开始推进到对政治、经济体制的变革，自我设限使社会主义建设从个人层面推进到社会谋划的层面。

5.2.2　生态理性

"社会主义工人运动的斗争目标是为经济理性设定边界，加以限制，使之最终服务于人性化的社会需求"[①]。社会主义的目标是限制经济理性的辐射范围，不再服务于资本扩张和市场竞争的需求，使经济、技术的发展沿着民主的方向进行。资本主义制度由于以经济理性为主导不断追求利润，控制个人生活并造成严重的生态危机，因此遭到批判和被社会主义所代替。高兹对资本主义制度的批判不是基于自身的不合法性，而是无法控制经济理性主导地位。也就是说一旦经济理性脱离政治目标在任何非资本主义社会中发挥其控制作用，都应当被批判。而如果一种社会制度能够把经济理性置于服从地位，执行新的标准战胜资本逻辑，"使用非经济目的手段将经济理性置于次要地位时，资本主义便会被超越，从而诞生一种不同的社会乃至文明"[②]。生态社会主义的重建在批判资本主义经济理性中嵌入生态理性的价值目标。正因为社会主义和资本主义的冲突不在于经济理性本身，而在于经济理性的范围和限度。对经济理性的克服不是用社会主义经济取代资本主义经济，而是让经济理性服从于其他形式的理性，让经济理性置于民主的社会目标之下。用非经济的内容约束经济理性的作用方式，非经济的环境和约束来自于伦理、文化

---

① 安德列·高兹. 资本主义，社会主义，生态　迷失与方向[M]. 彭姝祎译. 北京：商务印书馆，2018：82.
② 安德列·高兹. 资本主义，社会主义，生态　迷失与方向[M]. 彭姝祎译. 北京：商务印书馆，2018：113.

以及生态的内容。在发展文化生活和公共团体生活中战胜资本主义商业化、货币化的模式，在日常生活中摆脱经济理性的控制，为个人自主生活开创空间。

限制经济理性的范围，重建经济生产的生态范畴，用生态理性代替经济理性是生态社会主义建设的核心内容。生态理性和经济理性执行的是两种完全不同的范式。经济理性以追求经济效益最大化为目标，需要消费和需求也实现最大化，经济理性驱动导致资源浪费和生态环境破坏。"生态理性在于，以尽可能少的有使用价值且耐用的物品以及最少的劳动、资本和自然资源，来更好地满足人们的物质需求。"[①]经济理性奉行越多越好，而生态理性则坚持够了就好，"生态理性的意义可以概括为一句格言：'少而好'"[②]。生态理性指建立一种生态的生产方式和生活方式，以最少的消耗和最少的劳动生产物质生活，以最耐用的东西和最大的使用价值满足个人需求。生态理性以"生活得更好但劳动得更少、消费得更少的社会"为目标，意在限制以计算和效率为目标的经济理性，限制服务于资本增长的投资，限制无止境的消费，避免经济主导个人生活、文化以及价值。与其说生态理性破坏经济理性的法则，更不如说生态理性为经济理性立法。生态理性能够确立经济理性的限度，就在于生态理性所达到的效果能够避免以经济发展作为衡量社会关系所产生的灾难性的后果。如果经济理性能够服从生态要求，付薪劳动将不再成为个人生活的中心，劳动成为自主的创造性活动。如果经济理性能够服从生态要求，生产决策不是为了最大限度地赚回资本，那么工业部门便能选用污染和能耗较少的技术，进而人们也可以生活得更好。如果经济理性服从于生态要求，那消费就可以很好地得到抑制，通过更少、更好和更耐用的商品而得到更好的满足。生产、劳动分工、消费等方式的转变，将为个人生活创造更大的空间。

对社会进行生态重建要求将经济理性置于生态-社会理性之下。社会主义运动的根本目标是使经济理性服务于高级理性，而这一高级理性就是指生态

---

① 安德烈·高兹. 资本主义，社会主义，生态 迷失与方向[M]. 彭姝祎译. 北京：商务印书馆，2018：51.

② 安德烈·高兹. 资本主义，社会主义，生态 迷失与方向[M]. 彭姝祎译. 北京：商务印书馆，2018：52.

理性。社会主义将经济理性限制在合理的范围内，通过设计一个框架使之服务于民主的目标，从而使之从属于更高的合理性。超越经济理性，重建生态理性的最佳选择就是建设生态社会主义。高兹指出，生态社会主义重构生态理性的规则，在解决劳动异化、过度生产以及生态失衡的过程中推动资本主义社会走向其对立面。真正的社会主义所实施的必然是生态理性，也只有社会主义制度才有可能实施生态理性，从而才有可能实施生态保护。生态社会主义建设始于经济生态重建，但不能止步于现代工业社会的生态建设，生态理性在其中的作用不是放弃社会主义参照仅仅对资本主义生产模式的生态矫正，而是在改变资本逻辑作用、消灭劳动异化的基础上重建个人的生存的意义和价值。生态社会主义道路意味着对经济理性的需求战胜任何其他理性的时代的结束，意味着与非量化的价值目标相比，经济理性对社会关系的塑造发挥次要作用。要注意生态社会主义不同于环境主义，生态社会主义不是把减少经济对环境的影响作为目标，而是从根源上质疑为何经济会对生态产生影响。环境主义通过为经济理性加诸外在的规定而改变其作用的对象、方式，但是无法改变其追求资本增殖的本性。生态社会主义是对经济理性范式的改变，"少而好"是不以经济增长为目的，服务于不能量化的社会和文化目标的社会形态的内在规定，相反，经济的增长服务于每个人更好、更健康、更生态的生活。生态理性取代经济理性，把生态的目标置于经济目标之上可以提高经济竞争力，新兴能源产业、绿色产业的发展比其他产业获益更大，但是不能把生态重建转化为发展环境经济，生态理性所节约下来的劳动、时间、资源等不是拉动经济增长的动力，甚至应当承认为实现生态理性甚至可以损失经济利益。发展生态理性、进行生态重建将实现经济发展和生态保护协调起来。生态社会主义将实现一个劳动得少、消费得少但生活得好的世界，实现生态保护和经济发展的统一，实现劳动和闲暇的统一，实现人与自然的和谐共生。

5.2.3　生态劳动

从经济理性中解放出来，从劳动中解放出来，实现生态劳动，也就是从"在最短的时间内用最少的劳动换取尽可能多的成果"的法则中解放出来。超越经济理性，超越有偿劳动，必须使工资水平和劳动时间相脱钩，使劳动时间不再直接决定个人收入，使个人收入不再受制于生产所需的劳动量，这样有偿劳动将在人们的生活中失去意义。个人工资收入与劳动时间分离开来，使劳动收入脱离实用主义的计算和标准，让私人家庭范围内的劳动在公共领域中无法成为一种替代性的劳动，才能使所有男女自愿支配自己的劳动时间。与劳动时间相脱钩，使劳动活动摆脱实用主义的计算，以个人的充分发展为目的，才能使释放出来的劳动时间成为个人可自由支配的时间，变成"属于生活的时间，是让生命尽情绽放的时间"①。

生态劳动在于重新分配以挣钱为目的的劳动和自我维护、教育儿童、照顾家庭的劳动。未来劳动要防止所有劳动都变成有偿活动，防止父母身份职业化，甚至在器官买卖、代孕交易中商业化，防止释放出来的时间反而造成劳动的不稳定以及社会的两面化。社会成员在劳动中走向两极分化，一边是稳定的全职就业者，一边是无法实现正规就业的群体。社会到处充斥着体育竞技的景象，一部分人成为赢家，一部分人被抛向边缘。未来劳动应当促使由于社会生产率提高而增加的劳动时间能够惠及所有人，寻找一种最优的方式对所有劳动进行重新分配，排除不稳定就业以及中断劳动就随之中断生活的可能性，达到所有人有工作，而且工作得既少又好。"每个男人和女人均有以劳动谋生，但劳动得越来越少、越来越好并能充分获得一份社会财富的权力。"②他们在不以薪酬为目的的劳动活动中，没有失业的威胁，也不因间歇工作而遭受生活的压力，总之他们能够合理安排自己的劳动时间并能不断开拓劳动之外的活动，在其中找到对个人、对社会有意义的尊严和价值。

高兹认为根本的问题是"如何让所有的人都能够以劳动为生，包括所有年龄段仍希望劳动的妇女"③。首先要解决就业不足，不能通过发展服务型小企业吸收多余劳动力，恰恰应当是限制服务业范围的扩张。缩小服务业的范围是平等分配有限劳动的前提，使每个人能主动承担无报酬的劳动，这样就可

---

① 安德烈·高兹. 资本主义，社会主义，生态 迷失与方向[M]. 彭姝祎译. 北京：商务印书馆，2018：17.

② 安德烈·高兹. 资本主义，社会主义，生态 迷失与方向[M]. 彭姝祎译. 北京：商务印书馆，2018：35.

③ 安德烈·高兹. 资本主义，社会主义，生态 迷失与方向[M]. 彭姝祎译. 北京：商务印书馆，2018：41.

以实现劳动得既少又能满足生存所需。除此之外，高兹还指出平等分配社会劳动要在各个层面完善时间政策，使生产率提高不会造成失业以及低收入的零碎工就业，而是要通过灵活的时间政策使之呈现为灵活且多样的就业形式。劳动形式的灵活直接决定着企业管理的灵活，为每个人自由选择安排自己生活增添弹性。尽管所有劳动者并不是都在同一层面实现全日制的、稳定的就业，但是这种灵活的就业不会造成不稳定、动荡的失衡状态，反而不仅减少劳动者每年、每月、每日的工作时间，而且转变为劳动者可以自由决定自己在什么时间内劳动，在什么时间内不劳动。劳动者还可以自由决定自己连续工作一周，或者以不连续的方式工作一个月、一年或者一个季度。

建立的新型劳动制度以及工薪关系，将对边缘群体、失业者提供保障，这个群体不再以不得不劳动的状态融入生产性的团体中。过去他们从事的非生产性替代劳动不是在必要的意义上受雇，而是在施舍的意义上被给予，因此不能在真实意义上感觉到被需要，而是总是感到被排斥和痛苦。高兹认为必须使收入和劳动脱钩建立社会融入制度，因为未来劳动在个人生活中的比重将越来越小。绝不能通过提供普遍津贴为社会边缘群体创建融入的渠道，因为普遍津贴存在这样的弊端：一是减少付薪劳动却不能创建一个非经济的公共空间，通过发放津贴限制经济活动并不能增加非经济活动的公共空间，反而会造成社会走向分裂；二是造成必要劳动的不公正分配，使一部分人免于承担必要劳动，而另一部分承担着他人的需求负担。所以未来社会劳动要平均分配社会必要劳动，一部分劳动按照自由平等的准则在公共领域进行组织，另一部分劳动转入私人领域承担自我维护以及照顾家人、教育儿童的职责。这样不仅使收入独立于劳动，而且进一步独立于劳动时间，过去边缘群体的劳动在公共领域中因为需要而完成社会任务，在私人领域即使获得报酬也体现着"我"的权利，同时完成自然生命的生产且能够实现个人归属感和价值感。平均分配社会必要劳动降低每个人有偿劳动的比重，会使人们空闲时间不断增多。"一方面是有偿劳动，另一方面是无偿活动与休闲娱乐，两者的再平衡对于社会的生态重构尤为重要"[①]。有偿劳动用以支撑休闲娱乐的时代将结束，当人们可以自主选择劳动时间，推动空闲时间真正变成人们休闲的时间，人们将对自己的消费需求重新限制，主导自己生活、娱乐的权利。高兹认为未来可以期待出现这样一种劳动制度："每个人在有生之年都能够享有全额收入，作为交换，每个人都要从事一定时间量的工作，但比现在的时间要少很多"[②]。

5.3 生态社会主义的构建

高兹在对资本主义的劳动分工、经济理性的批判基础上展开了他对未来社会主义的理论构建。经济生态重建的社会主义道路使经济理性服从于更高的社会合理性，正是秉持生态理性的标准和原则，高兹深情地勾勒出他心目中的"先进的社会主义"，这种社会主义是建立一种"更少地生产，更好地生活"的生态社会主义生产方式。这种生产方式由于摆脱了追求经济最大化的原则而能够终结剥削人、奴役人的资本主义生产方式。除了建立社会主义的生产方式，生态社会主义还是超越资本主义的生态现代化道路，结束一直以来对人的主体力量的压制。高兹基于对资本主义、社会主义与生态学的关系的理论论证，提出了生态重建和生态社会主义的现代化道路，他认为，生态社会主义要从更根本上建立社会主义生产关系，实现生态现代化，就要从生产领域的革命转向全方位的社会主义文化革命，这构成了高兹关于构建生态社会主义的生态政治学。

5.3.1 建立社会主义的生产方式

高兹认为，西方资本主义在造就经济增长神话的同时也不断产生着新的冲突，苏联模式的社会主义也暴露出很大的弊端。他们都没有给人类社会的发展带来正确的方向和应有的希望，他们奉行的都是经济理性，而不是生态理性。对于经济发展来说，无论是计划还是市场的调节方式，只要完全受经

---

① 安德烈·高兹. 资本主义，社会主义，生态 迷失与方向[M]. 彭姝祎译. 北京：商务印书馆，2018：104.

② 安德烈·高兹. 资本主义，社会主义，生态 迷失与方向[M]. 彭姝祎译. 北京：商务印书馆，2018：109.

济理性的支配，都不会产生和走向真正的社会主义。"更好地生产，更好地生活"作为高兹理想中的社会主义，能够在经济发展的同时实现生态理性的目标，旨在用尽可能少的资源生产出尽可能多的使用价值。这种生态学社会主义的生产方式是对资本主义生产方式和经济理性的代替，克服了资本主义经济理性造成的生产能力过度发展和科学技术可能带来的破坏性后果，其核心是对自然资源的合理性安排，通过尽量缩小消费规模、不断提升产品的高使用价值来形成符合生态理性的生产方式和生活方式。

生态社会主义的关键在于经济的生态重建，对经济理性的限制最根本的还是要改变资本主义生产方式，建立社会主义的生产方式。资本主义生产方式的弊端暴露无遗，除了造成生态严重失衡以外，人类社会走向两极分化。用生态理性取代经济理性，指向建立一种真正实现生态生产，实现公平公正分配的生产方式。社会主义生产方式是对资本主义生产方式的批判和超越，而生态则表明生产方式重建的方向和原则。"我们需要'社会主义'至少是因为应该使生产的社会关系变得清晰起来，终结市场的统治和商品拜物教，并结束一些人对另一些人的剥削；我们需要'生态学'至少是因为得使社会生产力变得清晰起来，并中止对地球的毁坏和解构。"①

社会主义生产方式将按照"少而好"范式改变高生产、高消费的生产方式。"更少地生产，更好地生活"通过合理安排劳动、消费、需要抑制最大限度追求经济发展的目标，而使人们转向注重生活品质，丰富精神生活。"更少地"指向社会主义生产将根据真实的需要来生产，而不是根据市场需要来生产。选择生产一些使用价值高的、耐用且不易损坏的产品，尽量减少生产污染严重的价格昂贵的奢侈品，着力发展公共服务设施，减少一次性产品的生产。"更少地生产"不是让人们做出牺牲，放弃物质生产生活，而是避免为追求利润不顾需求的过度生产。"更少地生产"是"更好地生活"的前提，"更少地生产"将调节个人劳动、消费、社会地位实现"更好地生活"。"更少地生产"必须在真实意义上实现工人的时间解放，他们削减劳动时间以及自主决定劳动时

① 詹姆斯·奥康纳. 自然的理由：生态学马克思主义研究[M]. 南京：南京大学出版社，2003：439.

间意味着和当下的工作能够拉开距离，意味着"更少地生产"在劳动、工作场所已经生效，能够实现够了就好。除了劳动场所的变化，生态社会主义生产方式的实现还必须转变消费方式。资本主义生产方式之所以不可能解决生态问题，就因为它通过控制消费而无限扩大生产，所以必须控制消费进而还原人的真正需求，这样才能止步于满足追求耐用的、使用价值大的商品。"更少地生产"在调节个人的需求和消费中降低经济增长的速度，抑制经济理性在生产各个环节的作用。由于"更少地生产"和消费以及劳动之间形成一种和谐共生的关系，公平合理地分配产品，打破等级秩序，打破财富不平等分配，最终会转化为实现个人自由而全面的发展。由于每个人根据需要而选择劳动时间，合理安排自己生活，在劳动和闲暇的统一中实现人的生存价值和尊严。建立生态社会主义生产方式在实现劳动得少、消费得少但生活得好的良性循环中达到保护生态环境的目的。

实现生产得更少、消费得更少而生活得更好，需要对生产管理方式、生产技术方式加以规范。经济的生态重建不能依靠国家专断干预实现，而应当通过民主的方式重新定位经济发展模式。市场经济是经济理性发展的沃土，市场经济会不断制造多样化的商品以及促进和刺激消费，这不利于克制自己的欲望，所以经济生态重建必须规范市场运行机制。市场竞争自由发挥破坏公民社会个人领域的建设，但国家管控市场必须要明确在何种程度上限制市场机制的自由发挥，过度管控也会造成经济发展没有活力，个人需求得不到重视。"社会主义诞生于公民社会和市场的冲突"①，但没有民主就没有真正的社会主义。规范市场机制作用可以实现社会联合起来抑制货币化、商业化的交换，为生产模式添加情感、人际交往的内容。公民联合起来对市场进行社会管控，使市场运行置于联合会、工会、社会运动、公共听证、民选大会等社会合作组织的商讨和管理下，这样将导致经济决策民主化。实现经济决策民主化，就需要对经济发展进行有效的规划和引导。为经济发展制定框架计划，确定中长期发展的方向和目标。计划和市场并不是天生不相容，复杂的

---

① 安德烈·高兹. 资本主义，社会主义，生态 迷失与方向[M]. 彭姝祎译. 北京：商务印书馆，2018：20.

经济内容需要某种计划。听任市场自由发展导致产品分配不对等，价格波动严重影响人们的生活，而依托行会性的自我组织对经济进行自我管理。苏联模式的社会主义的失败不在于对经济的计划性发展，而在于一个高度统一的经济政治体制完全霸占了经济发展的民主空间，所以社会主义生产方式要突破高度集权的生产方式，在反对经济官僚主义的意义上倡导行会组织的自我管理，实现管理过程的"分散化"和"非官僚化"。

此外，"更少地生产，更好地生活"必须依靠生态技术革新。技术理性是经济理性扩张的帮手，资本主义生产方式通过不断发展和更新技术蚕食人们日常生活的各个方面，最终技术极权在社会各个领域建立新的统治秩序。现代技术改革要从服务于经济理性转向服务于生态理性，技术的革新要在提高劳动生产率的同时使自主安排劳动时间成为可能，才能真正地从追求最大限度利益的动机下解放出来。要注意技术对生产方式的改进不仅仅体现在更好地利用资源，处理污染和工业废品，降低工业生产的成本，最重要的是要根本地使技术理性服从于价值理性，能够更好地生活，把实现个人自由、平等当作技术-效率生产的目标。否则节约下来的成本不过使资本家因此受惠，而工人阶级仍然持续走向不平等、不自由的生活。高兹指出生态社会主义发展的生态技术是一种分散型技术，这种技术形式以小规模的形式出现，可以发展一些新型的可替代能源代替对自然资源的开采，保证满足人们绿色、健康生活的同时而又不成为资本积累的手段。采用小规模、分散型的技术避免现代资本主义技术规模化生产对社会生产、政治、消费等领域的集权统治。建立稳定的经济发展秩序，保证能够以小团体的性质管理生产，就必须取消资本主义现代工业和商业发展过程中进行商品生产和交换的工业技术，发展小规模的分散型技术。

这种新的生态社会主义的生产方式，在技术层面上，主张运用分散型的后工业技术，如利用太阳能、风力、生物能、潮汐等可再生能源的获取来推进人与自然的交融，来取代资本主义那种逐利性的生产逻辑和科学技术。因此，生态学社会主义运动的后工业技术内在地具有反对资本主义逐利性、强调个体民主和生态理性的特征，是对自然资源和能源的既合乎人性又合乎自然本性的精心安排；在生产层面上，由于其摈弃了资本追求利润最大化的增殖本性，这种社会将叫停满足人们虚假需要的产品的生产，去生产那些没有污染、经久耐用的具有低成本和高使用价值的产品，从而防止异化、物化等现象的出现，促使人们确立真正获得自由、尊严和幸福的生产方式和生活方式。

5.3.2　生态社会主义现代化

"只能从与资本主义的关系出发定义社会主义，即将社会主义理解为对资本主义的积极否定，它出自资本主义现代化的矛盾和未竟。"[①]高兹认为生态社会主义是对资本主义的积极否定，而非是消极否定。其中积极否定是在保留资本主义现代化成果的基础上化解现代化的矛盾。正如马克思所说资本主义创造的生产力比过去创造的生产力总和还要多，资本主义使个人从封建等级制度中解放出来，极大地实现了个体的自主性和创造性。但是资本主义推翻封建等级制度的理性精神如今却成为工业社会奴役个体的新形式，所以高兹才会认为现代生态危机和社会危机是资本主义现代化发展造成的后果。可以说现代工业发展对文明的破坏，疾病、罪恶、污染等成了现代化的象征。近代以来追求自由、平等的理性精神冲破中世纪宗教神学对人性的压抑，个人追求财富的自由权利如今却变成无限度扩张的资本本性，如何使经济理性再度服从伦理目标成为反对资本主义斗争的目标，也成为社会主义运动的目标。高兹认为解决资本主义社会的矛盾和危机在于走生态社会主义道路，因为生态社会主义现代化建设能够超越资本主义现代化，不用倒退到前工业文明社会，就可以把个人从经济和技术合理性统治中解放出来。

工业现代化进程给人类社会造成灾难性的后果，何以实现社会主义现代化解决业已存在的生态危机以及各个领域的社会危机？对于这个问题，这里高兹首先明确不是选择资本主义生态现代化，而是选择社会主义生态现代化的道路。资本主义生态现代化也是绿党倡导的改良资本主义的道路，在资本主义制度框架内的生态现代化没有限制经济理性的可能，仍然会破坏民主的自然基础。生态社会主义现代化用生态合理性取代经济理性，这是一种能够

---

① 安德烈·高兹. 资本主义，社会主义，生态　迷失与方向[M]. 彭姝祎译. 北京：商务印书馆，2018：57.

将经济理性、价值理性、社会理性统一起来的合理性。这种合理性能够重新组织经济、政治、文化生活为个人留有自由发展的空间，而且只有各方做出民主的决策才能实现这种理性。生态重建涉及工业、农业、商业等领域，从生产加工到产品设计都服从于生态合理性的目标。实现生态社会主义重塑人们生产和生活的世界就包含着反对工业现代化、商业现代化、技术现代化和专制现代化。生态社会主义重建人们自主生产和生活的条件将在生态现代化改造中完成，所以生态社会主义基于其本身就能够实现生态现代化。生态社会主义现代化较资本主义生态现代化的优越性就在于它能够在继承现代文明成果的基础上扬弃现代化给人类文明的沉重打击。社会主义在超越资本主义的意义上确立革命的目标，在社会主义的前提下进行生态现代化建设，能够从根本上避免经济理性无限扩张导致的现代化矛盾。生态社会主义是解决资本主义现代化的方案，也是实现现代化道路的一次尝试，是现代化的一次改造，也是现代化的完成。

从这个意义上说，生态社会主义作为一种新的社会道路，是一种新的生态理性的现代化，或者说是一种具有新的理性的生态现代化。它从价值理性出发，着眼于人的自由解放和全面发展，通过生产方式和生活方式的转变和更新，在生态理性的前提下重塑经济理性，能够避免人与自然、经济发展与生态保护的割裂和对立，杜绝资源的浪费、生态的恶化和劳动的异化，兼顾了人类的整体经济利益，实现了物质和精神的协调发展。高兹生态学马克思主义所主张的社会主义生态现代化，通过对经济理性的限制和扬弃，摒弃了资本主义经济理性的逐利性本质，凸显出社会文化目标和人的自由全面发展，从经济理性、生态理性与社会理性相统一的角度，为我们把握社会主义的本质提供了新的内容和更广阔的思想空间。在这种理想的生态社会主义制度框架下，社会劳动被限制在人们生产生活的真实需求上，工作时间缩减而自由时间延长，使得人们的生活选择更加民主和多样；在人与人之间关系改善的同时，人与自然的关系也得到相应改善，人与自然的关系不再是矛盾和对立的野蛮状态，而是和谐相处、彼此共赢的活生生的内在统一联系；这种"更少地生产，更好地生活"的社会将直接促成平等的实现，任何人的权利都没有得到缩减，同时，也不会给予任何人特权，人们生产的是所有人真正需要的产品，这意味着所有人的平等享有。因此，高兹认为，"更少地生产，更好地生活"的生产方式和生活方式不可能在资本主义的制度框架下来实现，必须对资本主义的生产方式和生活方式进行批判和革命，通过一系列的生态重建计划来实现对经济理性的生态重建，推进生态社会主义现代化，只有这样，才能把我们从异化劳动中解放出来。

5.3.3　生态社会主义的"文化革命"

高兹认识到，必须扩展革命的领域，在更加全面、更为广泛的领域和范围内去寻求革命的基础。在新社会运动尤其是生态运动中，革命的动力和能力得到进一步显现，他主张扩大革命的领域和范围，从生产革命延伸到文化革命，并强调最具决定意义的斗争是在文化战线上。因此，进行社会主义文化革命关系着能否摆脱经济理性的主导地位，建立生态主义的生产方式和生活方式。高兹认为超越资本主义经济理性必须在反对资本主义的文化斗争中实现。现代文化已经不仅仅是建立在经济基础之上的上层建筑内容，而是已经融入现代资本主义生产方式目标、任务中的基础内容。现在工业生产不仅生产着经济利益，而且还生产着占统治地位的工业文明。虽然资本主义社会的危机始于生产领域的经济理性，但是其日益恶化的生态环境使高兹意识到仅仅解决生产领域的问题是无法从根本上解决当代资本主义异化。经济理性从劳动场所开始渗透到政治、文化、社会生活的各个领域，造成人类处于全面的社会危机当中。对此高兹认为社会主义革命要从生产领域扩张到社会生活的各个领域，从结构性的生产革命扩张到全方位的文化革命。所以以生态理性为内核发展的生态社会主义，在重建生态经济的过程中也要重建文化。要使具有本质性不同的文化模式来对抗现有的工业社会文化，对文化的改革要使之成为经济理性为之服务的目标。

文化革命是一次全方位的社会主义革命，是对经济、政治、教育、医疗等领域的共同重建，其目标是对隐藏在资本主义各个领域经济理性统治的批判和揭露。生态理性代替经济理性如何能够真正地使经济理性服务于社会，如何能够为新工人阶级创造一个自为自决的空间，最根本的还是基于文化的重建。"文化改变和思想本身就是一种力量，甚至于对那些被他们损害过利益的人而言亦如此。"①社会主义革命仍然是一次超越阶级界限的联盟运动，其反对资本主义机器系统的生态运动不能设想他们自发地改组重建生产模式，而必须为之设定更加合理、更加健康、更值得奋斗的文化理想，届时资本主义社会会有不少人从中解脱出来为之联合。在社会主义这样一种社会形态中，"经济理性服从于社会和文化约束，那么社会主义的现实性就会前所未有地凸显出来"②。

社会主义文化革命不是在狭隘意义上反对文化形式，而是要从反对文化形式走向反对经济理性，反对资本主义文化的斗争。文化革命不是发展第三产业下的娱乐产业、文化产业，这些商业性质的文化活动仍然是经济理性实现的手段，而没有高于经济理性的目标。现代高层文化大众化、庸俗化、商业化发展迎合低级的审美趣味就是实例，这种文化形式的发展最终借助现代科学技术的包装在街头小巷贩卖，难逃功利性的计算以及经济效用的谋划。文化工业化发展已经成为现代工业社会的典型特征，为现代工业社会培植消费主义的意识形态。社会主义文化革命重在消解工业社会的意识形态的基础，从根本上摧毁资本逻辑发挥作用的理性精神。文化革命将从反对资本主义生产方式入手，依靠在其中异化的"非工人的非阶级"主体，对资本主义劳动、技术以及管理发起挑战，消灭付薪劳动，消除劳动分工、技术理性进而消灭等级秩序、性别歧视以及解决生态危机。反过来，限制经济理性发展，在时间和空间上都为进行文化革命创造条件。不断增加的休闲时间以及虚假无用消费活动的减少，是文化活动、交往活动获得充分实现的条件。"文化的改变总是与受到最好教育的社会阶层一起开始。当政治的时间允许每个人以自我满足或创造性的方式去充满他们自己的自由时间时，它将更加快速地被传播。"③

社会主义文化革命要重点改变工业社会的消费文化。消费已经成为资本

① 安德列·高兹. 资本主义，社会主义，生态 迷失与方向[M]. 彭姝祎译. 北京：商务印书馆，2018：114.
② 安德列·高兹. 资本主义，社会主义，生态 迷失与方向[M]. 彭姝祎译. 北京：商务印书馆，2018：83.
③ Andre Gorz. Paths to Paradise: On the Liberation from Work[M]. London: Pluto Press, 1985：70—71.

控制人们生活的一种手段，消费主义文化是工业社会追求利润推行的一种价值观和生活范式。马尔库塞、莱易斯、阿格尔等人对现代工业社会的分析中指向异化消费的现实。高兹也指出现代社会已经成为一个消费社会，为了实现经济增长，资本家不断刺激工人过度消费，结果造成生态环境的严重破坏，也造成社会成员在纷繁复杂的消费中迷失自我。消费文化和资本主义生产方式的结合在现代技术推动下，以大众传播媒介的方式迅速占领人们的日常生活，以一种虚假的幸福和自由掩盖消费者在其中被操纵、被异化的内容。消费文化从日常生活领域扩张到生产领域，转化为经济理性的内在目标，转化为身份地位、价值规范、道德生活的评价体系。可以说资本主义工业文化是经济理性主导下形成的低级文化，进行生态社会主义建设要发展高级的文化价值体系来代替它。"寻找文化替代方案，唯有如此，才能引导人们放弃补偿性消费，走生态可承受消费之路，这种相对节约的消费模式以自愿性的自我约束为基础。"①以自我管理、自我设限、自我约束为内容构建的现代生态文化将为限制经济理性，追求民主的生活决策持续提供动力。"更少地生产，更好地生活"不仅仅作为一种生产方式和生活方式被确定下来，而且作为一种文化价值体系被确定下来。在消除资本逻辑和消费文化的统治下，从现代资本主义工业文化转向生态文化，在正确处理人与自然、人与人、人与社会的关系中实现人的主体性的回归。

在20世纪70年代之后，高兹生态学马克思主义思想的关注点转向了后工业社会、当代生态运动和新科技革命等方面的理论反思，提出了自己的生态政治学理论。他从存在主义的视角和马克思主义的立场出发，着眼于对生态学、当代生态运动的分析，挖掘出后工业社会、新科技革命以及当代生态运动所含有的政治性意蕴，从生态学的角度对资本主义进行了批判，进而阐述了走向生态学社会主义的必要性和可能性。高兹认为，当代西方资本主义对科技的工具性运用，造成了经济畸形增长和严重生态危机，科技作为一种资本主义意识形态延伸出诸多全球性生态问题。要解决此困境，必须变革原

---

① 安德烈·高兹. 资本主义，社会主义，生态 迷失与方向[M]. 彭姝祎译. 北京：商务印书馆，2018：62.

有的资本主义生产方式，进行生态文化革命，后工业社会在生态上应该是超越了以资本逻辑为标志的独裁性力量，服从于人的全面发展和对自然的保护，这种潜在的民主和政治倾向代表着社会的健全发展。因此，为了避免生态灾难、实现生态保护，必须停止以资本逐利为本性的单纯经济增长，建立一种全面克服资本主义生产方式的、以民主为基础的、促进人与自然和谐发展的新社会。后工业社会作为一种"二元社会"，保持了中央和地方、自律和他律、自由和必然的两重性，能够限制经济政治的必然领域和扩展个人自主的自由领域，在时间解放的基础上创造出个人自主活动的自由时间和巨大空间，把人从异化劳动中解放出来，把自然从人的征服和压榨下解放出来，实现生态文明对人的日常生活的全面融入、科技为生态重建和生态理性服务。在这种政治架构和社会制度下，人能够实现劳动的解放并在劳动中获得尊严、快乐和幸福，真正有意义的劳动是使劳动成为目的，摒弃那种单纯为了物质生活资料和经济利益的异化劳动是实现人的自由自觉劳动的必然途径。高兹的劳动解放思想认为人的劳动不仅要实现经济目标，更应该扩展到人的自由时间活动领域，这与马克思主义关于人的劳动解放、时间解放的观点是基本一致的。

第 6 章 高兹生态学马克思主义思想的评价

在高兹之前，包括马克思在内的思想家们已经从不同维度开展过对资本主义社会的批判。深受马克思主义、存在主义以及法兰克福学派影响的高兹在分析资本主义社会现实的基础上，把生态学与马克思主义相结合，发现了批判资本主义社会的政治生态学新视角，为更加全面系统地批判资本主义提供了理论基础。在系统论证了高兹对资本主义社会的生态批判后，可以从理论价值和历史局限性两方面对其思想进行评价。高兹的生态学马克思主义思想是对现代资本主义进行生态政治学批判的产物，以生态理性为基础提出了资本主义生态危机的替代性解决方案，有着巨大的理论贡献，但是，在对资本主义进行生态学批判以及构建生态学社会主义方案时，还存在着诸多局限性，具有强烈的乌托邦色彩。

6.1 高兹生态学马克思主义的理论贡献

高兹生态学马克思主义的理论价值主要表现在以下三个方面。首先，与其他批判资本主义社会的理论相比，高兹从政治生态学出发，采用了独特的批判视角。其次，高兹生态学马克思主义促使人们更加深刻地从生产、消费和现代性等问题着手，开展对资本主义现实问题以及生态学的理论研究。最后，高兹的思想经历过重大转变，最后成长为一名生态学马克思主义者，可以说，高兹的生态学马克思主义思想在继承经典马克思主义观点的基础上开辟了政治生态批判的新视角，其思想体系丰富和发展了生态学马克思主义的理论体系。

6.1.1　开辟了政治生态批判的独特视角

生态学始于 1866 年德国动物学家海克尔提出的生态学的定义。在生态学发展初期，受限于认识水平，人们把生态学和经济学看作两个毫无关系的学科。随着对经济学研究的不断深入，有人提出物质生产活动离不开对自然界的资源和能源的消耗，研究经济学必须考察经济学与生态学之间的内在联系，于是，生态学被作为经济学的一个分支纳入经济学的范畴，以此为起点，生态学与经济学的交叉研究越来越多。把资本主义经济的发展与生态学相结合考察资本主义社会的经济活动，人们发现资本主义的发展对生态系统的依赖程度远高于以往任何时期，为了满足资本家对利润最大化的追求，越来越多的自然资源被开采利用，资源枯竭和环境污染随着资本主义经济的发展变得越发严重。生态学追求的生态理念和经济学追求的利润至上原则相互对抗，任何社会形态的发展不可能摆脱对自然的依赖，因此，为了建设一个以生态理念为根本追求的社会，必须摆脱以利润为根本追求的资本主义社会。

高兹在对资本主义社会的生态危机进行分析时，进一步明确了资本逻辑主导下的经济理性无法实现与生态理性的兼容，在追求利润最大化的同时，资本主义社会严重破坏了生态系统的稳定和平衡。于是，高兹开始深化对生态危机的认识，他发现生态问题不仅导致了人与自然之间关系的异化，还激化了人与人之间的矛盾。于是，高兹转向对政治学的研究，开始尝试通过政治学视角分析生态问题，技术法西斯主义、劳动分工、劳动异化、劳动消费等都在生态学与政治学的结合中构成了高兹生态学马克思主义。

所谓的生态学和政治学相结合既不是把两者看作相互独立的分支，也不是把两者简单相加，而是在它们之间建立真正的内在联系。1975 年高兹的《作为政治学的生态学》面世，他书中提出了"政治生态学"概念，主张通过政治学和生态学的结合依托政治方法和手段实现制约经济理性、解决生态危机的目标。政治生态学概念既标志着高兹实现了从存在主义者向生态学马克思主义者的转变，也表明他开始从生态学和政治学相结合的视角批判资本主义社会，以高兹为代表的政治生态学丰富和发展了西方马克思主义思想。

高兹认为，生态危机不能通过诉诸经济学的方式解决，想要超越经济理性的藩篱，只能通过生态学与政治学的结合，依靠政治手段解决现实的生态问题，同时，他还指明了经济理性、资本生产逻辑、科学技术的意识形态属性以及劳动分工等问题与生态理性之间的根本对立。在高兹看来，资本主义社会的任何企业为了实现利润最大化，都会选择最大限度地开发利用自然资源，通过生产要素的最佳配置，尽可能地投入最小的成本生产出交换价值最大的产品，至于生态保护，不是他们真正关心和在意的问题。在对资本主义经济理性进行批判的基础上，高兹继续采用政治手段探求解决生态危机的现实出路，他明确表示，如果一种社会形态下的生产方式被经济理性支配，这种社会的一切行为都必然成为经济发展的附庸。只有能够真正摆脱对利润的追求、把个人和社会的全面发展放在首位的社会主义社会，才能实现真正的解放，这种解放既强调个人自由的实现，又包含着人与自然以及人与人关系的和谐。

高兹从资本主义世界越发严重的生态危机着手，利用马克思主义政治经济学批判资本主义社会，但他发现，在资本主义制度内部无法解决生态理性和经济理性的矛盾，于是在危机导致的人与自然和人与人之间的矛盾中分析人们彼此之间关系的异化，通过转向政治学，寻找兼顾经济发展与生态平衡、个人解放与社会和谐的社会出路，并最终发现了生态社会主义。高兹的生态学马克思主义指出，人们可以寄希望于工人阶级联合的方式，通过政治手段把阻碍个人自由解放的障碍排除，在经济追求和生态追求之间找到平衡，最终建立生态理性主导的社会主义社会。

6.1.2 对生产、消费以及现代性的重新思考

随着现代化进程的推进，尤其是社会历史进入资本主义后工业时代，如何缓解甚至消除日益严重的生态问题，坚持生态理性对社会发展的指导作用，是人类社会需要共同面对的全球性问题。而如果生态危机被长期忽视，能源紧张和环境污染等问题将逐步转变成限制经济发展的主要障碍之一，甚至给现代化的推进造成不可扭转的危害。在解决生态危机之前需要首先明确，实现生态理性不是某一个人的责任，它需要全社会的共同行动：对资本主义社会的统治阶级而言，需要摆脱过去利润至上的经济理性的支配，在观念上放弃越多越好的想法，通过缩减生产的方式改变资本主义社会的生产方式，取消过去一切以计算和核算为原则衡量社会发展的标准；对资本主义社会的被

统治阶级而言，需要明确自身担负的使命，长期的被剥削和被压迫根源于资本主义社会的生产资料私有制，想要实现真正的自由解放，需要思考怎么彻底改变被动的经济地位。而在将自身阶级团结起来实现彻底解放之前，如何根据当前的社会处境缓解资本主义日益严重的生态问题，也是解决生态危机的关键。资本家能够不断地实现扩大再生产的原因在于，每次他们投放到市场上的产品都顺利实现了交换，广大劳动者要通过减少消费，特别是减少各种不必要的消费的方式，认识到高消费并不能带来真正的幸福和自由。

　　为了实现现代化的经济目标，资本主义社会坚持经济理性的指导，资产阶级在经济利益的驱动下，通过实行劳动分工提高劳动生产率，但劳动分工导致的劳动异化表明人们不可能在现有社会实现劳动解放。高兹意识到资本主义社会与生态问题的尖锐对抗后，转向政治学与生态学的结合，提出只有社会主义才能真正解决生态理性和经济理性的对抗，实现劳动解放。需要明确的是，高兹强调的社会主义并不是单纯突出实现解放的社会性质，例如苏联的社会主义就不在高兹所要构建的生态社会主义范围内，这是因为：高兹认为，苏联的社会主义实行的是高度集中的计划经济体制，即苏联模式的社会主义。对苏联高度集中的计划经济休制加以分析不难发现，这种社会主义虽然在社会性质上与资本主义有了根本区别，但从经济社会发展的实际来看，二者实质上都在经济理性的支配下建立起了与生态环境的对抗关系，它们的不同仅仅体现在实现经济理性的方式上：苏联是通过中央统一制定的经济计划和官僚等级制度；资本主义国家则是通过资本家发挥主导作用的市场。在高兹看来，苏联模式只是把资本主义国家经济的剥削转变为政治控制，通过非民主化的政治强制导致人的本质的异化以及生态系统的破坏。可见，高兹在对资本主义进行批判时，与马克思类似，都是把最根本的关注点集中在对其经济理性的批判上，认为应该坚持生态理性，把人与自然之间的关系由越多越好转变为越少但越好。

　　现代化的内涵不仅仅强调经济现代化，还包括政治、环境、文化以及社会生活等方面的现代化，现代化的实现是一个系统工程，单纯经济现代化并不意味着现代化的实现，这就要求经济的现代化要与其他方面协调推进，后资本主义社会的工业化实质是以牺牲环境为代价换来的经济单方面的现代化。

高兹提出，超越资本主义经济理性的藩篱，应该追求环境理性，在生态与社会生活之间寻找到一种平衡，即人们生活更好，但生产和消费更少，这一目标的实现需要从以下两个方面着手。

首先，缩小生产规模、减少产量。资本主义社会科学和教育的发展以及劳动分工极大地推动了社会生产率的提升，为资本家扩大生产创造了条件，面对越来越多的商品选择，在生产劳动中受压抑的劳动者在补偿心理的作用下陷入异化消费的陷阱，而劳动产品的增加同时意味着生态资源的消耗和环境的进一步恶化，因此，高兹主张生态理性的实现需要"更少地生产"，社会生产的目的由追求利润转向满足人们必需的生产生活需要。"更少地生产"一方面意味着人们的劳动时间缩短，而自由支配时间的增加则可以推动人的解放；另一方面，生产不再需要借助机器化大生产，规模较小的分散化经营便能够满足消费的需求，这样，被固定在生产流程某一环节的劳动者获得一定程度的解放，劳动分工的减少意味着人们异化程度的降低。有人可能会质疑减少生产是否会影响正常生活，高兹强调虽然生产中投入的劳动、资源和资本减少，但借助更先进的生产方式和技术，产品的使用价值和耐用性却有了大幅提高。

其次，合理消费，增加人们的获得感。资本主义社会生产不断扩大，社会财富总量不断增加，但人们却没有幸福和自由的感受，资本主义的等级制度导致每个人总想通过占有稀缺产品的方式获得心理平衡，资本主义的经济增长不断地制造着匮乏，人们错误地认为消费的产品越多越好，距离幸福也就越近。不改变社会制度造成的不平等，人们难以意识到幸福需要从自身的生产劳动中获得，可以说，民主的社会制度是消除消费异化的前提，当社会实现平等时，人们不再为了争夺特权象征的稀有产品盲目消费，消费的目的真正转向自身生产生活需要的满足，人们的幸福感和获得感也会在合理消费时不断增强。

6.1.3 丰富和发展了生态学马克思主义的理论体系

20世纪60年代前后，生态学马克思主义思想的理论体系开始形成，沙夫被看作第一个真正意义上的生态学马克思主义者。回溯生态学和马克思主义理论的结合，大致可以把它的发展历程划分为三个阶段。高兹的思想虽然经历了从存在主义到生态学马克思主义的转变，但是他把生态学和马克思主义相结合的思想极大地推动了生态学马克思主义理论体系的不断丰富和发展。

生态学马克思主义的形成与高兹对生态危机根源的研究。20 世纪六七十年代，一批早期生态学马克思主义者开始尝试把生态学与马克思主义相结合，其中典型代表包括东德（德意志民主共和国）共产党人鲁道夫·巴罗、法兰克福学派的马尔库塞和施密特等。作为生态学马克思主义创立者之一的鲁道夫·巴罗最早提出在实践中把生态运动与共产主义运动相结合；法兰克福学派的马尔库塞主张人与自然应该协调发展，在对人与自然关系进行客观描述的基础上，提出人应该尊重、顺应并保护自然，在解放自然界的同时，实现人与自然关系的和谐；施密特在其著作《马克思的自然概念》中，通过论证马克思关于自然的观点，提出了自己的"人化自然"思想，成为生态学马克思主义的重要基石。同一时期的高兹深受存在主义思想的影响，面对资本主义社会日益严峻的生态问题，通过对劳动分工的考察，提出资本主义生产方式是导致生态危机的根本原因，在 1973 年出版的法文版《劳动分工的批判》中，高兹进一步对资本主义劳动分工的根源进行了分析，明确了科技工人的地位，批判了资本主义科学技术的危害。生态学马克思主义思想体系的形成时期，正是高兹生态学马克思主义思想的开始形成的时期。

生态学马克思主义逐渐形成体系与高兹思想的转变。20 世纪七八十年代，生态学马克思主义在高兹、阿格尔和莱斯等人的推动下，逐渐显现在生态运动中发挥的作用，同一时期高兹的思想实现了从存在主义向生态学马克思主义的转变。1975 年出版的法文版《政治学和生态学》（英译版为《作为政治学的生态学》）是西方政治生态学的奠基之作，高兹在书中借鉴马克思主义的观点，从经济学出发分析资本主义社会的生态问题，并逐步引入政治学的批判视角；高兹在 1980 年出版的《告别革命论》中提出了"非工人的非阶级"概念，并指出科技在资本主义社会的意识形态属性导致工人阶级因为丧失了进行革命的动力而无法承担无产阶级革命的历史使命；1989 年出版的英文版《经济理性批判》中，高兹通过对经济理性的批判，揭示了生态理性取代经济理性的必要性，强调只有在解放劳动的基础上，才能实现人类解放以及人与自然关系的和谐。这一时期高兹在思想上实现了从存在主义向生态学马克思主义的转变，此时他的生态学马克思主义思想主要涉及以下几个方面的内容：其一，高兹通过把生态学和马克思主义的结合，为批判资本主义社会找到了一个全新的视角，提出当代资本主义社会一切危机都根源于生态危机；其二，高兹在开展研究时，把生态危机体现的人与自然的关系作为政治生态学的研究对象，更加明确了生态学马克思主义的方向；其三，高兹在批判资本主义生态危机的基础上，提出构建生态社会主义的必要性和可能性，为解决生态危机提供了一个理想的乌托邦。高兹的思想转向生态学马克思主义后，从生态学视角对资本主义的批判更加全面系统，推动着生态学马克思主义思想体系的形成。

生态学马克思主义思想的当代发展与高兹生态学马克思主义思想的成熟。1991 年高兹在法文版《资本主义、社会主义和生态学》一书中，针对前期提出的生态社会主义思想做了进一步完善，指出并不是所有社会主义都能实现对资本主义社会生态危机的超越，苏联模式下的社会主义并不是高兹认为的真正意义上的社会主义，也正是在这一时期，高兹对科学技术的态度由批判转为再次肯定。除高兹外，这一时期的佩珀、福斯特和奥康纳等人的思想也更加注重从资本主义生产方式与生态危机相结合的视角展开对资本主义的批判，并提出了指向未来的生态社会主义。

高兹作为生态学马克思主义的重要代表，其思想的形成、转变和逐步完善在生态学马克思主义理论体系的形成和发展过程中发挥着重要作用，既推动了生态学马克思主义理论体系的构建，又丰富了生态学马克思主义的内涵，不断开辟着生态学马克思主义理论发展的新境界。

6.2　高兹生态学马克思主义的局限性

高兹生态学马克思主义思想实现了生态学和马克思主义的结合，但这并不表明这一理论成果是完善的，在对资本主义进行批判的过程中还暴露了其历史局限性。首先，高兹认为资本主义的生态危机是其他一切危机的根源，只要重构生态理性，用生态理性替代经济理性就可以消除资本主义社会的危机。这种观点因为过分夸大了生态在社会发展中的作用，导致对资本主义生态危机的矫枉过正。其次，在高兹看来，经济理性支配下的利润最大化是资本主义社会的根本追求，实现这一目标的关键途径和方法在于先进的科学技术，把科技看作造成生态危机、经济危机、劳动分工、劳动异化以及消费异化等问题的原因，带有鲜明的技术决定论倾向。最后，高兹提出用生态理性替代经济理性消除资本主义社会的生态危机，但对生态社会主义的构建带有明显的乌托邦色彩。

6.2.1　对生态危机的矫枉过正

高兹对资本主义制度的批判首先借鉴了马克思政治经济学批判，明确了资本主义经济理性与生态理性之间的不兼容，随后转向了对资本主义经济理性的批判，在批判中高兹指出经济理性导致的生态危机是其他一切危机的根源，进而把政治学与生态学相结合，主张构建生态社会主义。高兹把对资本主义的批判落脚在资本主义的生态问题上，没有进一步研究造成生态危机的经济理性的缺陷，从这个维度来看，高兹的生态学马克思主义思想虽然继承了马克思对资本主义社会的政治经济学批判思想，但最终在解决生态危机的路径选择上背离了马克思主义的原意。这种背离表现在，虽然两者都主张社会主义必然代替资本主义，但在实现条件、实现路径、实现方式等问题上存在着本质性的差异。

高兹把自己对资本主义的生态批判与马克思时期的经济批判作了对比分析，他指出：马克思时期的资本主义社会，危机主要表现为经济危机，即生产过剩，解决危机需要通过国家的宏观调控；当代资本主义社会，危机主要表现为生态危机，为了实现利润的最大化，人们对资源进行了不计后果的开发利用，对环境造成了难以修复的破坏，致使人类社会的生态问题越发严重。从上面的比较可以看出，高兹分析马克思对资本主义的批判时，找准了资本主义经济危机这一最根本的危机表现形式，但却没有进一步分析经济危机爆发的根本原因。而高兹对资本主义的批判，把生态危机看作最根本的危机形式，分析了生态危机产生于资本主义的经济理性和利润动机，并把生态学与政治学相结合，得出资本主义制度是造成生态危机的根源。高兹认为马克思对资本主义社会生产方式的批判，与他从生态学视角批判资本主义的经济利益是相似的，但他反对马克思把物质资料的生产作为社会历史发展的决定因素，认为如果从生产视角出发无法实现社会主义。在高兹看来，马克思关于资本主义社会的经济危机理论在后工业时代已经过时，资本逻辑下的利润动机与生态环境保护之间的矛盾成为资本主义社会的主要矛盾，社会的基本矛盾也由经济危机转向了生态危机。

对比高兹生态学马克思主义和马克思主义对资本主义的批判，发现二者在针对资本主义社会的批判中有许多相似之处，无论是对资本主义剥削的批判，还是对利润至上的经济理性的批判，以及对未来社会主义的构想，二者都表现出了高度一致性，但对资本主义最根本问题的把握是他们最大的分歧。可以说，高兹从生态学出发批判资本主义具有重要的理论和实践价值，但从现实来看，因为忽视了社会物质力量的决定作用，把资本主义的一切问题归因于生态危机存在着矫枉过正的倾向。根据马克思主义辩证唯物主义和历史唯物主义的观点，人类社会是一个从低级向高级不断发展的过程，社会矛盾是推动社会历史发展的动力，这里的矛盾既包含任何社会形态都具有的社会基本矛盾，也包含每个社会形态具体的主要矛盾。就资本主义社会的基本矛盾而言，人们之间的相互关系已经成为生产力进一步发展的阻碍，社会财富分配的两极分化制约着劳动者的生产积极性；就资本主义社会的主要矛盾而言，生产资料的私有制与生产的社会化之间的矛盾，是资本主义社会现实生活的写照，资本剥削劳动、劳动分工、劳动异化、消费异化以及两极分化等问题都是由社会主要矛盾导致的。生产资料的私有制是资本主义社会一切矛盾和危机的根源，资本是私有制在资本主义社会的表现形式，资本家在其主导的资本主义社会所做的一切都是为了巩固其统治地位，尤其是实现经济上的资本增殖。在资本增殖的过程中，资本家为了生产更多的产品，增加了资源和环境的压力，在导致经济危机的同时还造成了严重的生态危机。生态危机的爆发、生态失衡等问题成为资本主义发展的障碍，而摆脱生态危机需要从造成危机的根本原因入手，彻底消除生产资料的私有制。无产阶级在资本主义社会受压迫程度最深，而且他们以全人类的解放作为实现自身解放的前提，当资产阶级对他们的剥削达到极致，他们便会通过无产阶级革命的方式把人类社会推进到社会主义发展阶段。

不同于马克思历史唯物主义和辩证唯物主义的方法，高兹首先采用生态学的方法指出，生态危机是导致资本主义一切危机的根源，然后采用政治学的方法指出，只有推翻导致生态危机的资本主义制度，进入奉行生态理性的社会主义才能彻底消除生态问题。高兹生态学马克思主义思想的内容都是围绕着生态问题展开的，资本主义社会最大的弊端是导致生态危机，实现自由解放的手段是奉行生态理性，整个理论体系过分夸大了生态问题的影响，从而造成了对生态危机的矫枉过正。

6.2.2　鲜明的技术决定论倾向

资本主义工业化的发展加强了对科技的需求，随着科学和技术的不断进步，人类认识世界和改造世界的工具不断完善，在提高劳动生产率的同时，也提高了人们征服自然和改造自然的能力。资本主义社会追求利润至上的资本家，以先进的科技为手段和工具，肆意地开发和利用自然界的宝贵资源，在促进工业发展的同时造成了严重的环境问题，他们只考虑如何满足当前对利益最大化的追求，丝毫不顾及对社会未来发展的影响。发生在 20 世纪 30 到 20 世纪 60 年代的八大公害事件，让原本对科学和技术持肯定态度的高兹发生了思想的转变，尤其是置身于资本主义社会发展的现实，更是让高兹意识到资本主义社会的科学技术对生态环境造成的严重破坏，于是，高兹转向了对资本主义社会科学技术的批判。在高兹看来，正是由于科学技术的作用才使得资本主义社会和社会主义社会的生产力水平有了飞跃式发展，这正是在实践维度对科学技术中立论观点的突破，同时也意味着科技在经济社会的发展中绝不仅仅占据从属地位。随着科技发展水平的不断提升，可供人们选择的科学和技术趋于多元化，选择哪一种最有效果是人们的重要考量。对于阶级社会而言，毫无疑问的是每个阶级都将选择符合本阶级发展要求的科学和技术，基于此，高兹在批判资本主义科学和技术的基础上提出了"科学技术非中立论"的观点，高兹认为资本主义社会的科学和技术服务于占支配地位的资产阶级的利益追求，换言之，科学和技术在资本主义社会打上了资产阶级意识形态属性的烙印，成为其他社会关系的决定性因素。在此基础上，高兹进一步提出，改变资本主义社会的关键在于科学技术的选择上，这一结论被人们认为带有"技术决定论"倾向，这样，对社会形态转变起决定作用的生产力和生产关系被高兹转换成科学技术。

高兹在批判资本主义科学和技术时表现出来的"技术决定论"倾向还体现在：高兹认为社会主义和资本主义的根本差别不是社会制度的差异，而是两者在选择科学和技术时更倾向于"硬技术"还是"软技术"。前面已经谈到，"硬技术"指代的是在资本主义社会被称为"技术法西斯主义"的科技成果，"软技术"指代的是社会主义社会的技术，技术选择决定社会制度，资本主义社会的制度带有意识形态属性。以此为基础，高兹进一步提出，把经济理性指导下的资本主义改造成生态社会主义，不需要通过革命的方式，只要通过对技术的社会主义改造便可以实现。马克思主义把科学技术作为先进生产力发展的重要标志，认为科学技术的每一次变革都会引起人们生产和生活方式的改变。马克思对科学技术的历史作用从来坚持的都是辩证的态度，他在《1844年经济学哲学手稿》中既肯定它在推动社会进步中的积极作用，同时也明确如果科技异化将会导致人的"非人化"结果，可见科技是一把双刃剑。一个国家的发展是多种因素综合作用的结果，把科技看作决定社会制度的关键，带有明显的技术决定论倾向。

6.2.3　对未来社会的设想具有乌托邦色彩

英国人文主义者莫尔最早提出"乌托邦"一词，他把两个希腊文组合在一起拼出了"Utopia"，将其定义为"没有的地方"，在著作《乌托邦》中，莫尔描绘了一个理想社会：在这个社会一切生产资料都是公有的，每个人不再单独占有生产资料；人们根据每个人的不同需求进行生产和生活用品的分配；劳动排除了一切外在强制后变成人的乐生手段；除了工作时间，人们还有充足的时间来提升自己。莫尔的这种理想愿景同样可以在古今中外的大量著作中找到共鸣，马克思关于共产主义基本特征的论述也与它具有某些相似之处，只不过马克思并不是空想出来的，而是在根据人类社会发展规律，从现实的物质生产关系出发对未来社会的构想。在中文中，人们习惯将"Utopia"翻译为"空想的国家"。一般说来，人们把乌托邦看作一种既不切实际又不可能实现的理想化的状态，但这并不意味着人们不能拥有关于乌托邦的向往，正如很多理论家把他看作批判现实的理论武器。

高兹把自己设想的未来生态社会主义看作"后工业社会的乌托邦"，在其著作《资本主义、社会主义和生态学》中，对许多问题的探讨因为脱离了历史唯物主义和辩证唯物主义的基本方法而陷入空想，尤其是对未来社会的设想更是具有乌托邦色彩。第一，在劳动时间的分配问题上，高兹意识到人们在资本主义社会经受的劳动异化，提出在未来理想的社会中，人们可以自由安排自己的劳动时间，比如十年劳动、二十年不劳动、四十年间歇性劳动。这种构想不仅没有考虑到不劳动的二十年人们在没有收益的情况下如何维持生活的问题，而且忽视了有的人可能为了获得更多的报酬心甘情愿延长劳动时间的情况。第二，在用生态理性取代经济理性的指导地位时，高兹一度把越少越好的原则极端化为停止经济增长，认为这样做可以达到限制生产和消费的目的，从而转变人们的生活方式，实现对生态至上的追求。这种构想并没有考虑到现实社会的可能性，因为没有任何一个社会形态会主动放弃经济发展。第三，同样是用生态理性取代经济理性，通过倡导"更少地生产，更好地生活"，实现生态社会主义把人转变为生态人的目标，这在现实社会同样不可能实现。第四，高兹主张应该放弃马克思提出的无产阶级革命这种暴力革命的方式，通过对资本主义社会的温和改良实现生态社会主义。这表明高兹并没有认识到资本主义社会矛盾的坚固性，利润至上和资本增殖是资产阶级的本性，生产资料的私有制只能通过彻底的革命才能消除。第五，不同于传统的无产阶级，高兹提出只有"非工人的非阶级"这个崭新的群体才能肩负起实现生态社会主义的历史使命，但作为一个处于被动地位的新兴阶级而言，在不具备进行社会运动能力的情况下，推翻现存社会形态实现人的自由和解放是个不可能完成的任务。

可以说，高兹对未来生态社会主义的构想只是空泛地谈论人的自由和解放，并没有依托社会现实制定出具体的实施方案和路径，虽然他的思想坚持从政治生态学的崭新视角批判资本主义，但因为脱离了马克思辩证唯物主义和历史唯物主义的基本方向，最终难免陷入乌托邦的空想中。

高兹生态学马克思主义在实现生态学和马克思主义相结合的基础上，丰富了批判资本主义社会的理论视野，作为西方马克思主义思想的重要组成部分，高兹的思想既有重要的理论价值，也有其历史局限性。就理论价值而言，其一，高兹生态学马克思主义开辟了政治生态批判的独特视角。高兹在批判资本主义时，首先揭示了经济理性和生态理性在资本主义社会的矛盾冲突，并指出资本主义制度是造成冲突的关键，进而通过政治学的方法主张构建生态理念指导下的社会主义，高兹把生态学与政治学相结合，开辟了政治生态批判的独特视角。其二，高兹从生态学视角对资本主义社会的批判，促使人们重新思考现代化建设过程中为了追求经济利益导致的生态问题，现代化建设是一个系统工程，经济现代化只是其中的重要一维，从长远来看，以牺牲生态为代价的经济现代化必然会反过来受到生态危机的制约。为了实现经济社会和生态环境的协调发展，需要进一步反思如何通过减少生产和适度消费兼顾生态理性。其三，高兹生态学马克思主义思想是西方生态学马克思主义的重要组成部分，高兹经历了从存在主义到生态学马克思主义的转变，其思想在不同时期极大地丰富和发展了生态学马克思主义。就历史局限性而言，其一，高兹在批判资本主义社会时，把资本主义社会的生态危机看作一切危机的根源，虽然分析了经济理性是造成生态危机的根本原因，但还是坚持从生态理性的角度构建社会主义，认为只要解决了生态问题其他一切问题都会迎刃而解，为了解决生态危机甚至不惜忽视经济的发展，造成了对生态危机的矫枉过正。其二，高兹认为资本主义社会的科学技术是非中立的，作为资本主义社会奉行经济理性的重要手段，资本主义社会的科学技术体现资产阶级意识形态属性，但在对生态、资本和技术等问题进行反思时，高兹强调选择"硬技术"还是"软技术"是决定资本主义还是社会主义的关键，可见，无论在批判资本主义社会还是在构建社会主义过程中，高兹的思想带有鲜明的技术决定论倾向。其三，高兹生态学马克思主义最终指向生态理性对经济理性的代替，但对于替代的必要性和可能性、构建生态学马克思主义的方式以及阶级等问题的研究因为过于理想，带有明显的乌托邦色彩。

第7章 高兹生态学马克思主义思想对中国的启示

高兹生态学马克思主义思想通过生态学、政治学和马克思主义的结合批判资本主义社会在实现现代化进程中日益严重的生态问题，开辟了一条从政治生态学视角构建生态社会主义的新路径，尽管其思想带有某些历史局限性，但是西方资本主义国家在现代化建设中如何处理经济发展和生态环境之间的关系方面，具有重要的借鉴意义。同时，对于当前中国特色社会主义建设事业的发展具有一定的现实指导意义。在党的十八届五中全会上，习近平总书记提出了指导新时代中国特色社会主义建设的新发展理念，同时把新发展理念作为习近平新时代中国特色社会主义经济思想的主要内容，其中，绿色发展是实现永续发展的必要条件。党的二十大报告提出以中国式现代化推进中华民族伟大复兴，全面建成社会主义现代化强国。总的战略安排是分两步走：从二○二○年到二○三五年基本实现社会主义现代化；从二○三五年到本世纪中叶把我国建成富强民主文明和谐美丽的社会主义现代化强国。现代化建设是一项系统工程，在中国特色社会主义现代化建设中，中国式现代化必须是人与自然和谐共生的现代化，伴随着资源和能源的消耗以及日益严峻的环境问题，高兹生态学马克思主义从生态政治建设、生态经济建设以及生态文化建设等方面为中国特色社会主义现代化建设事业提供了有益的借鉴。

7.1 推进生态政治建设

高兹生态学马克思主义思想的终极指向是生态社会主义，在他看来，任何追求经济理性的社会制度都只会把生态系统看作经济发展的工具，只有社会主义才能真正实现真正意义上的生态保护，因此，应该坚定捍卫社会主义。对于新时代中国特色社会主义的生态政治建设而言，已经处于高兹主张的社会主义社会，因此，应当充分发挥中国特色社会主义的制度优势，不断开拓生态建设的政治思维。

7.1.1 坚持生态为民的政治立场

高兹生态学马克思主义强调对资本主义经济理性这一工具理性的批判，主张经济发展要服从生态理性这一价值理性的标准和原则。弘扬生态理性、推进基层民主、实现人的自由解放，是高兹设想的生态学社会主义的美好愿景，体现了生态理性的人本情怀和人道主义立场。习近平生态文明思想坚持把增进最普惠的民生福祉、不断满足人民日益增长的生态环境需要作为新时代生态文明建设的根本价值取向，体现了以人民为中心的发展思想，彰显了坚持生态为民的政治立场。

进入新时代，我国社会主要矛盾发生了转化，而人民对优美生态环境的需要构成了美好生活需要的重要内涵。推进生态文明建设，就是要秉持不断满足人民对优美生态环境的需要这一目标，提供更多优质生态产品，持续改善生态环境。

第一，环境就是民生。马克思把自然地理环境作为社会存在的重要要素，强调了自然地理环境对人类生存和社会发展的重要影响。自然生态环境是人能够生存的基本条件，更是满足人的发展需要的自然基础和前提，从这个意义上说，生态环境是极为重要的民生保障。无论是发展经济还是保护生态环境，都是为了民生。良好的生态环境能够保障人民的生命健康，是人类生存与健康的基础，正是从影响人民群众生命健康的角度来说，生态环境问题不仅是重大经济问题，也是重大社会问题，更是重大政治问题。要明确良好生态环境在人民群众生活幸福指数中所占的重要地位，其本身也是在全面建成小康社会的基础上建成社会主义现代化强国的重要指标，只有生态环境良好的现代化才是让人民满意的现代化。

第二，良好生态环境是最公平的公共产品。作为一种公共产品，意味着生态产品被纳入到了政府提供的基本公共服务体系，可以人人共享，任何人不能垄断或独占良好生态环境和优质生态资源，从而体现良好生态环境作为公共产品和民生福祉的最公平性、最普惠性。要做到这一点，关键是要使生态权益在不同群体间得到合理的、公平的分配，保证代内、代际的生态正义，做好城乡之间的生态权益分配，以良好生态环境保障中华民族永续发展。

第三，把解决突出生态环境问题作为民生优先领域。坚决打赢蓝天保卫战，打好水源地保护、城市黑臭水体治理攻坚战，打好农业面源污染治理攻坚战，打好农村人居环境综合整治攻坚战，集中解决人民群众反映强烈的、涉及人民群众根本利益的突出生态环境问题，真正体现生态惠民、生态利民、生态为民。

7.1.2　发挥社会主义的制度优势

高兹在对资本主义社会进行生态学批判的基础上，得出以下几个结论：其一，资本主义社会的生态危机是导致其他一切危机的根源；其二，资本主义社会资本家奉行的经济理性以利润最大化为根本追求，资本逻辑主导的生产方式必然导致生态危机；其三，资本主义制度决定了资本主义社会不可能改变经济理性的主导地位，消除经济理性与生态理性的对抗需要构建生态社会主义；其四，与马克思强调的无产阶级革命不同，生态社会主义需要通过"非工人的非阶级"形成非阶级的、强调个人主权的新社会运动，它强调依靠权力的抗争、激进的多中心的文化抗争和民主建构取代马克思强调的无产阶级革命。可以说，高兹生态学马克思主义的终极指向是构建生态社会主义。

高兹追求的生态社会主义以实现经济理性和生态理性的和解为目标。社会主义条件下，人们不再盲目地追求单一的经济目标，而是坚持生态至上的价值标准，倡导减少生产和集约消费，极大地减少了新工人阶级的劳动时间，人们在依靠科技提高劳动产品质量的同时，被赋予了更多的享受时间，从而为人们实现自由和解放创造了条件。高兹在做出构建生态社会主义的判断后，进一步对社会主义进行了区分，他指出苏联模式下的社会主义并不是真正意义上的生态社会主义。苏联高度集中的政治经济体制，表面上以维护绝大多数人的利益为根本追求，但就实际而言，国家高度统一的指令性计划经济体制追求的仍然是利润的最大化，因此它并没有从根本上摆脱经济理性的束缚。

1956 年底，农业、手工业和资本主义工商业的社会主义改造基本完成，标志着中国社会主义制度的基本确立。无论是从纵向把握社会制度的历史变革，还是从横向对比资本主义和社会主义的最大差异，中国的社会主义建立起了以公有制为主体、多种所有经济共同发展的基本经济制度和以按劳分配为主体、多种分配方式并存的基本分配制度。解放和发展生产力是中国特色社会主义制度的根本追求，而社会主义的本质体现在消灭剥削、消除两极分化、最终达到共同富裕。对比高兹对资本主义的经济批判，社会主义对生产关系做出的规定，体现了社会主义对资本主义经济理性的超越：公有制占主体的生产资料所有制取代了资本主义社会的私有制，人们不再像资本家那样为了私人利益的最大化，依靠科技盲目扩大生产，通过劳动分工造成劳动异化和消费异化；社会主义的生产资料所有制形式决定了人们在生产劳动中处于相对平等的地位；按劳分配和按生产要素分配相结合避免了产品占有的两极分化。

马克思主张构建社会主义制度与高兹主张构建的社会主义具有相似性，可以说，马克思主张构建的社会主义制度消除了生产资料私有制，既为坚持生态理念创造了条件，同时又以人的自由和解放为根本追求，二者的不同点在于，高兹认为坚持生态理性的社会主义是理想的社会形态，而根据马克思辩证唯物主义和历史唯物主义的基本观点，马克思认为实现人的自由和解放以物质财富的极大丰富为前提，社会基本矛盾是推动社会发展的动力。党的十九大报告指出，我国社会主要矛盾已经转化为人民日益增长的美好生活需要与不平衡不充分的发展之间的矛盾。无论是过去人们日益增长的物质文化需要还是现在美好生活需要，都体现了社会主义制度坚持以人民为中心的发展。

中国社会主义制度的确立及发展，离不开中国共产党的领导，这也是中国特色社会主义制度的优势所在。中国共产党作为中国工人阶级的先锋队，首先通过社会主义改造的方式带领人民完成了社会主义革命，实现了马克思所说的无产阶级掌握政权的政治解放，但因为生产力发展水平尚未达到实现人类解放的程度，因此未来相当长的一段时期内，在中国共产党的领导下，中国特色社会主义建设事业仍然以经济建设为中心，正如习近平总书记所说的，发展是解决一切问题的关键。当前的发展坚持的是绿色发展理念，发展的目的是使发展成果由全体人民共享。

7.1.3　开拓生态建设的政治思维

实现中华民族伟大复兴的中国梦，需要从政治、经济、文化、社会和生态文明五个方位同时推进，其中，生态文明建设强调在坚持绿色发展理念的前提下，实现美丽中国的建设目标。

中国是当前世界上最大、发展最快的社会主义国家，但中国的社会主义仍然处于初级阶段，"初级阶段"的判定依据是国情呈现的生产力发展水平低、商品经济不发达。社会主义初级阶段的国情决定了中国并不能像高兹主张的把经济理性完全置于生态理性的支配下，换言之，社会主义初级阶段的现代化建设事业既要追求生态现代化，也需要兼顾经济现代化。习近平总书记提出绿色发展理念，并将其纳入经济思想的内容中，充分表明当前经济建设与生态文明建设的相互关系：社会主义制度对推动生态文明建设具有与生俱来的制度优势，而生态文明建设对于更好地围绕以经济建设为中心建设中国特色社会主义具有无法替代的推动作用。

其一，绿色发展理念是社会主义发展程度的重要反映。高兹在分析生态危机的根源时，揭示了资本主义制度下的经济理性与生态理性的不相融，指明消解二者对立必须彻底推翻资本主义制度，改变资本主义条件下人们的生产和生活方式。根据马克思主义对人类社会发展规律的把握，社会主义代替资本主义是社会历史发展的必然，只有在社会主义的背景下，作为生态理性重要反映的绿色发展理念才能得到有效贯彻，绿色发展理念是社会主义发展程度的重要反映。

其二，绿色发展理念是人与自然关系的重要反映。根据高兹的观点，在人与自然的关系中，生态问题处于最核心的位置，忽视了物质力量在人类社会历史发展中的决定作用；而根据许多国家发展的经验教训，人们在追求经济发展速度的同时因为忽视了对生态问题的关注，导致了严重的生态危机进而影响了经济社会的可持续发展。根据绿色发展理念的内涵，人与自然之间应该建立一种和谐共生的关系，这就要求：一方面，人们在依托生态环境发展经济时，要做到尊重、顺应并保护自然；另一方面，坚持绿色发展，真正处理好经济发展和环境保护的关系，实现人与自然关系的和谐。

其三，贯彻绿色发展理念，建设美丽中国，既是新时代中国特色社会主义现代化建设的生态目标，也是处理当前经济发展与生态保护之间关系的顶层设计。在经济建设方面，坚定不移地走生产发展、生活宽裕、生态良好的文明发展道路；在环境保护方面，坚持建设资源节约型和环境友好型社会。在经济建设和环境保护的结合中，为加快推进美丽中国建设目标提供保障。

其四，实现绿色发展，需要在坚持社会主义制度优势的基础上，坚持全面、协调和可持续的发展。全面发展指的是从经济、政治、文化、社会和生态"五位一体"总体布局推进中国特色社会主义事业的发展，坚持筷子原理，使不同领域的发展能够相互配合形成一股强大的合力，共同推动经济和生态的进步。协调发展指的是不同地区、不同行业、不同领域以及各部门之间的配合，尤其是经济发展与资源和环境承载力之间的协调，协调发展需要坚持木桶原理，通过补齐发展短板，增强发展的整体实力。可持续的发展强调发展的连续性，要求不能用今天的发展损害子孙后代的发展，通过人与自然、人与人以及人与社会之间关系的和谐，在统筹兼顾的条件下实现经济的永续发展。

7.2　推进生态经济建设

高兹坚持认为实现社会主义生态理性，既需要通过减少生产和消费，降低经济发展对生态系统的破坏性，同时强调在二者的关系中生态建设应该居于支配地位，主导甚至控制经济建设。就当前新时代中国特色社会主义生态经济建设而言，一方面经济社会发展出现了"新常态"，其实质是以生态为尺度的经济转型，在维持一定经济发展速度的同时强调对生态的保护，另一方面作为实现社会主义现代化建设的经济维度和生态维度，物质文明建设和生态文明建设之间应该建立一种协调推进的关系。

7.2.1　以生态为尺度的"新常态"经济转型

当前世界发展正在经历大发展、大变革和大调整，对于中国而言，出现了经济发展新常态。所谓经济发展新常态，主要有以下几个方面的特点：其一，经济增长速度由高速增长转向中高速；其二，经济结构不断优化升级，从产业结构的布局来看，第一产业和第二产业的比重明显下降，服务业逐渐成为国民经济发展的支柱性产业；其三，就消费情况来看，在所有消费群体中，第三产业的消费需求逐渐占据主体，城乡之间的发展和收入差距不断缩小，国民经济不断发展的同时，发展成果惠及更多的人民群众；其四，从发展的动力来看，从要素和投资驱动为主转向创新驱动发展。

中国当前出现的经济发展新常态与高兹主张的生态社会主义具有一致性，经济发展新常态实质是以生态为尺度的经济转型，由以前更加注重经济发展的规模和速度转变为更加注重各方面发展的协调性。高兹在构建以生态理性为主导的资本主义社会时强调，生态理性需要通过多种方式协调实现；就生产方面而言，要尽可能地减少不必要的生产，尤其是对资源和环境造成压力的部门和领域。中国经济经历了十几年高速发展后，逐渐出现了一些不和谐的因素，尤其是过去快速发展重工业时期，采用的高投入、高污染和高能耗的发展模式，造成了资源和能源紧张、生态环境恶化等问题，不仅严重破坏了人们的生活环境，而且成为经济进一步发展的障碍。转变经济发展方式，从过去注重发展速度采用的粗放型增长模式转变为集约发展，通过增加生产发展中的技术投入，减少环境压力。就消费方面而言，高兹主张要尽可能地减少人们的消费，让人们意识到有些需求的满足不是通过消费实现的，尤其不能陷入资本家为了追求利润而编织的消费陷阱，通过消费对生产的反作用，减少消费需求进而减少生产。就中国的发展实际来看，以前生产是为了满足人民的物质文化需要，以生存资料的消费为主，而随着生活水平的不断提升，现在的消费在满足基本物质需求的基础上，转向发展资料的消费。无论是生存资料的消费，还是发展资料的消费，都需要根据自己的切实需要，避免盲目消费带来的能源和资源的浪费。

经济发展新常态的实质，是一次以生态为尺度的经济转型，从注重经济增长速度转向更加注重经济发展和环境保护相协调，为了适应经济转型的需要，中国正逐步构建以市场为导向的绿色发展经济体系。根据高兹对苏联模式的社会主义的批判，高度集中的计划经济体制服务于经济理性，并没有从根本上解决生态问题，中国在厘清计划经济和市场经济关系的基础上，根据发展的现实需要，逐步认识到了市场在资源配置中的决定性作用。根据习近平总书记十九大报告中的重要讲话精神，建立绿色发展经济体系，需要依托绿色技术创新、绿色金融和绿色产业。首先，绿色技术创新。绿色技术创新指的是与能源的高效节约利用与环境保护相关的技术的创新，作为兼顾经济社会发展与生态文明建设的重要动力，以生态保护为出发点的技术创新能够保证在不影响经济发展的前提下，为缓解日益严峻的人与自然之间的矛盾提供强大的技术支持。就新技术的利用范围而言，它既贯穿产品从生产、交换到消费的全过程，也涉及产品使用价值被消耗之后的回收甚至循环利用，所以说，绿色技术的创新针对的不是某一项具体技术的更新，而是整个行业或产业部门生产方式的绿色变革。其次，绿色金融。绿色金融指的是在金融行业中对绿色观念和思想的坚持，金融机构在开展投融资行为时把生态问题放在更突出位置，并把经济效益和生态效益的结合作为权衡标准，通过保险、信贷等金融工具引导社会资源的合理、高效配置。最后，绿色产业。绿色产业有广义和狭义之分，狭义的绿色产业指的是那些本身的生产和经营完全围绕环保和资源的产业，广义的绿色产业指的是一个过程或行动，它强调把各行各业的生产和经营转向节约资源和保护环境的维度。从当前构建美丽中国的目标来看，绿色产业更倾向于广义的维度，这种在各行各业正在进行的运动，已经深入贯彻到农业、工业和服务业的发展中。其一，发展绿色农业，要求生产者改变过去依靠农药和化肥提高产量的观念，最大限度降低农业生产对土壤、地下水和空气的危害，生产市场上适销对路的无公害有机绿色农业产品。其二，发展绿色工业，要求各企业依靠现代化的生产技术和手段，尤其是高速发展的网络技术和人工智能等方式，减少能源资源的投入和消耗，降低对环境的危害，把粗放型经济增长模式转向高效集约的发展。其三，绿色服务业在产业结构中所占的比例不断提升，逐渐替代工业的主体地位。从现实发展状况来看，服务业仍然离不开实体经济和实体产品的支撑，发展绿色服务业同样应该遵循绿色生产和绿色消费原则，降低经济发展对能源的消耗和环境的破坏。

7.2.2　以生态为导向的新型现代化

现代化是一个复合概念，之前人们在谈到现代化时总是将其界定为经济现代化，这是对现代化范围的误解。中国对社会主义现代化的认识虽然也经历了一个逐步完善的过程，但却从未把它局限在经济领域。1964 年在第三届全国人大第一次会议上，周恩来同志在政府工作报告中首次提出了工业现代化、农业现代化、国防现代化和科技现代化，并为实现四个现代化的目标提出了"两步走"的设想。1987 年党的十三大报告提出了党在社会主义初级阶段的基本路线，根据基本路线的规定，社会主义初级阶段要把我国建设成富强、民主和文明的社会主义现代化国家。富强、民主和文明分别对应着经济建设、政治建设和文化建设三个维度。2007 年党的十七大报告在原有现代化建设目标的基础上，增加了社会建设的"和谐"目标。2017 年党的十九大报告把生态文明建设的"美丽"目标加入到基本路线。党的二十大报告指出，中国式现代化是人与自然和谐共生的现代化。可见，现代化建设是一个逐步展开的过程，随着建设实践的发展和认识程度的不断深入，现代化被赋予了新的时代内涵，不同于传统意义的现代化，新型现代化作为一个系统工程以生态的发展为导向。

新型现代化建设在兼顾经济、政治、文化和社会建设的同时，通过生态文明建设推动社会全面、协调和可持续发展。推动以生态为导向的新型现代化建设，一方面需要坚持绿色的生产方式，另一方面需要加强绿色科技创新。首先，推进生产方式朝着生态方向的绿色化转变。过去经济发展的实践充分证明，无论世界经济的发展还是中国经济取得的重大成就，更多是依靠高投入和高能耗实现的，而这种发展方式虽然能在短时间内取得巨大的发展成就，但从长远来看最终必然受限于资源和环境的承受上限，换言之，生态环境既是推动社会发展的重要物质条件，同时也可能成为限制经济发展的障碍，经济发展方式由粗放型转向集约型有其现实必要性。高兹在构建生态社会主义时倡导"更少地生产"，目的在于用生态理性取代造成包含生态危机在内的一切危机的经济理性，在消除异化劳动和异化消费的基础上，保证生产的劳动产品在数量和质量上与人们的需求基本持平，从而避免造成环境和资源的污染与浪费。绿色生产方式实质上是一种指向生态保护的低碳循环经济生产模式，它一方面要求不断优化能源结构，通过寻找传统能源的可替代清洁能源，促进能源结构朝着低碳化方向转变；另一方面要求不断优化产业结构，保证第一产业、第二产业以及第三产业在生产经营时，都能做到资源利用效率的最大化，环境影响最小化，尤其是逐渐成长为主导产业的服务业，更是要通过合理的优化布局，保证经济效益和生态保护的同步。其次，实现绿色科技的创新发展。绿色科技强调的是生态和科技之间的双向互动，其中，既有科技发展的绿色生态化倾向，也有生态发展的科技助力，二者之间的结合正是经济和生态协调发展的体现。高兹在对科技的功能和作用进行评价时，经历了肯定、否定、再肯定的认识过程，最终坚持辩证的态度认为科技最初是发展经济和保护环境的依托，但如果应用不当，科技也可能成为经济衰退和生态危机的导火索。当前中国不断提高自主创新能力，把科技转变为现实生产力，同时依靠科技的创新寻找大量的清洁能源和高效的可替代能源，保证经济社会的持续健康发展。

绿色是新发展理念的重要组成部分，揭示了新时代实现高质量发展的必要条件和自然基础。党的二十大报告将人与自然和谐共生作为中国式现代化的中国特色、科学内涵之一，并作出了推动绿色发展、促进人与自然和谐共生的战略部署。中国式现代化是以生态为导向的新型现代化，其主张的人与自然和谐共生的理念继承了马克思主义的生态思想，汲取了中华优秀传统文化中的生态哲学，借鉴了生态学马克思主义的生态批判理论，超越了西方式现代化最大限度地追求利润、毫无节制地攫取自然资源、没有顾忌地破坏生态环境的模式。无论是马克思主义还是生态学马克思主义，都把人与自然的关系作为人类社会最基本的关系，强调人类依赖自然界而生存发展，人是自然界的一部分。传统工业文明存在资源消耗和污染转移的缺陷，必须以生态为导向去反思工业文明，以和谐共生理念来调整和重塑人与自然的关系。中国式现代化作为人与自然和谐共生的现代化，是以生态为导向的新型现代化，彰显了对自然的尊重、顺应、敬畏和保护这一生态文明理念，破解了西方式现代化进程中人与自然、生态环境保护与经济社会发展二元对立的矛盾，实现了文明在物质、政治、精神、社会和生态上的协调发展，创造了人类文明新形态。

推进以生态为导向的、建设人与自然和谐共生的现代化，必须坚持以习近平生态文明思想为指导，贯彻落实绿色发展理念，坚持走生态优先、绿色发展的现代化之路。要坚持党的全面领导，充分发挥社会主义制度优势，以总揽全局、协调各方来凝聚生态文明建设的力量；要坚持以人民为中心的发展思想，始终把生态环境保护作为重大民生工程，实现生态保护、绿色发展与民生改善的有机统一，真正做到生态惠民、利民、为民；牢固树立"两山"理念，把良好生态环境作为高质量发展的基础，把生态优势转化为发展优势，建立健全生态经济体系；增强生态环境治理的系统性、协同性，统筹考虑自然生态各要素，坚持一体化保护和系统性治理；用最严格的制度和最严密的法治来为促进人与自然和谐共生保驾护航，依靠制度和法治来强化对生态环境的全方位保护，建立健全生态环境保护机制和绿色发展评价考核制度，深入推进中央生态环保督察，切实解决中国式现代化过程中产生的生态环境问题。

7.3　推进生态文化建设

高兹强调，生态理性应该成为全社会的共识，他倡导构建人类集体主义的共同体，虽然他的生态社会主义和共同体思想带有空想色彩，但作为一种价值追求，对于推进中国特色社会主义生态文化建设具有重要的现实意义。新时代推进生态文化建设，需要建构意识形态的生态话语权，坚持人与自然和谐共生理念，推动构建人类命运共同体，同时在坚持绿色价值取向、践行绿色文明生活的基础上，坚定生态文明信仰。

7.3.1　建构意识形态的生态话语权

高兹认为，资本主义社会的科技以及教育转变成资本家追求经济理性的工具，这些要素被深深地打上了意识形态的烙印，即使是自然环境和能源资源也成为利润至上的牺牲品，改变这种局面的方法是推翻资本主义制度，建立能够实现人类自由和解放的生态社会主义，生态社会主义考虑的是人类社会的持续发展问题，经济理性的至上性被生态理性取代，但高兹在对生态问题进行矫正时，过分夸大了生态危机的影响，为了实现生态保护，甚至不惜以牺牲经济增长为代价。生态问题在资本主义国家的普遍化揭示了资本主义生产方式的弊端，造成资本主义生态危机的根源在于资本主义私有制，消除生态危机的影响，第一步要摆脱私有财产转变成奴役他人权力这一事实。中国社会主义基本制度的确立，为坚持生态理性提供了制度保障和前提，但同时需要明确，人类社会从资本主义过渡到社会主义并不仅仅是为了缓解生态危机，根据马克思主义的观点，社会主义还只是处在实现人类解放的共产主义的初级阶段，中国的社会主义又处于社会主义的初级阶段，实现人类真正解放的物质前提还没有达到，因此，社会主义既需要进一步解放和发展生产力，又需要在新的社会形态下逐步构建起意识形态的生态话语权。不同于资本主义社会资产阶级生态话语体系的构建，中国特色社会主义站在构建人类命运共同体的战略高度，为了更好地推动世界的绿色发展，在深刻思考世界生态发展出现的普遍问题上，围绕生态文明建设"是什么、为什么、怎么做"等问题，形成了兼具时代特质和民族特色的中国生态文明话语体系，提升了中国在全球生态治理体系中的话语权。

建构意识形态的生态话语体系，必须始终坚持人与自然和谐共生的科学理念。生态文明建设，指的是人类在认识自然、利用自然、改造自然的过程中逐渐形成的以保护自然为目的的人与自然和谐相处的关系。人类社会的发展充分证明，生态和文明之间建立了无法割裂的联系，生态是文明发展进步的物质基础和前提，文明的发展经历了从依附自然、利用自然到支配自然的转变，随着生态文明建设的不断推进，人们越来越深刻地意识到人与自然之间应该建立的是一种共生的关系，破坏生态就是毁坏人类文明，毁坏生态最终只会伤害人类自身。坚持人与自然的和谐共生，需要做到尊重自然、顺应自然和保护自然。其中，尊重自然是人与自然和谐相处的首要态度。随着主观能动作用的发挥，人们逐渐把自然当作经济发展的工具，支配自然、控制自然、破坏自然，从而为人类服务，逐渐失去了对自然的敬畏之心。尊重自然需要时刻铭记，人与自然之间是一种平等关系，自然不是人类的奴隶，相反，人类只是自然的一部分，人类生存和发展的一切生活需要都直接或间接地来源于自然，人与自然之间不仅仅是生命共同体，更应该是命运共同体。顺应自然作为人与自然和谐相处必须遵循的基本原则，强调人的主观能动作用的发挥需要以尊重自然发展的客观规律为前提，自然界的发展不以人的意志为转移，对资源和环境的利用一旦违背了自然界自身的更新发展规律，人类必然遭到自然界的报复。保护自然是人与自然和谐相处必须承担的责任，人们通过向自然索取获得了更优越的生产和生活环境，而在人与自然的关系中，不能只讲索取和利用，不讲投入和建设，人类依靠自然实现发展，也要用发展的成果呵护和回报自然。

建构意识形态的生态话语体系，必须构建人类命共同体。高兹主张，解决生态问题需要在坚持生态人类集体主义的前提下，建设一个共同体，但根据他的生态社会主义思想，这个所谓共同体带有抽象性。面对当前世界经济发展导致的技术异化和生态问题的全球化，习近平总书记在继承"天下为公"的传统文化和坚持马克思主义共同体思想的基础上，围绕未来社会发展趋势，提出了构建"人类命运共同体"的理念。人类命运共同体不仅强调世界经济文化的大发展和大融合，还特别突出了建设美丽世界的共同愿景。需要强调的是，习近平总书记提出人类命运共同体思想，"并非立足于资本主义与社会主义趋同的立场，反而是以两者现实性矛盾的存在为前提"①，中国并没有放弃无产阶级的根本立场和国家的核心利益，与高兹抽象的共同体相比，面对人类社会对生态文明建设的共同诉求，人类命运共同体不仅体现了社会历史发展的客观规律，而且符合经济社会发展的现实需要。

7.3.2 倡导生态文明信仰

高兹生态学马克思主义思想提出的生态理念虽然建立在批判资本主义社会经济理性的基础上，但对于推进中国特色社会主义生态文明建设具有重要的借鉴意义。就中国当前的生态文明建设而言，一方面国家从宏观维度做了总体的布局，把建设美丽中国作为生态文明现代化的重要目标；另一方面从生态文明建设的实践的维度，把生态文明理念贯穿到人的日常生产和生活中，坚持绿色价值取向，践行绿色文明生活，努力形成人与自然和谐发展的新格局。

第一，坚持绿色价值取向。习近平总书记用"金山银山"和"绿水青山"来形容经济社会发展和生态文明建设之间的关系。首先，"绿水青山就是金山银山"，人类依靠自然生态系统实现经济的发展，自然环境在社会发展中具有重要的价值和意义；其次"既要金山银山，又要绿水青山"，生态文明建设为人类生存提供舒适的自然环境和坚实的能源资源基础，物质文明建设为人类提高生活质量奠定物质基础，要实现物质文明建设和生态文明建设的结合；再次，"宁要绿水青山，不要金山银山"，在物质文明建设和生态文明建设发生

---

① 邵发军. 习近平"人类命运共同体"思想及其当代价值研究[J]. 社会主义研究，2017(04)：1-8.

冲突时，生态文明建设更为重要。作为物质文明发展的基础，生态系统的破坏往往是无法修复的，只要生态系统处于良性循环，物质文明的建设才有可能性，因此，虽然绿色价值取向追求的是生态文明建设和物质文明建设的结合，但当二者发展冲突时，生产环境是必须优先选择的保护对象，否则即使人们依靠对自然的征服和控制取得了经济发展的成果，这种成果也会最终因为自然对人类的报复而归于覆灭。

第二，坚持绿色文明生活。生态文明建设的理念和目标，只有转变为现实行动，才能真正实现生态文明建设的现代化，这就要求每个人要像对待自己的眼睛和生命那样保护生态环境，把节约资源和保护环境转变成自己的自觉行动。对于企业而言，在生产上积极扬弃高兹的生产即消费的出发点，把节约资源放在首位，减少产品在生产过程中对资源和环境的依赖和破坏，对于经济发展已经造成的破坏，坚持保护优先，自然恢复为主，通过发展绿色、低碳和循环经济的方式，不断形成节约资源和保护环境的空间格局、产业结构以及生产和生活布局。对于个人而言，坚持绿色文明生活，需要在观念上形成保护环境的意识，明确环境保护是每个公民的应尽义务和职责，应该从身边小事做起，坚持绿色低碳生活方式，尽量不用一次性产品，选择绿色出行方式，选用节能环保家电，逐渐把坚持绿色文明生活理念贯彻到生活的方方面面，成为自己的自觉行动。

7.3.3 大力弘扬生态文化

根据高兹生态学马克思主义的基本观点，构建生态社会主义是实现自由和解放的终极追求，而当前中国特色社会主义现代化建设，在强调经济建设、政治建设、文化建设和社会建设的同时，更加注重生态文明建设，高兹生态学马克思主义思想对于中国特色社会主义生态文明建设具有重要的影响。中国坚持在发挥社会主义制度优势的同时，通过不断开拓生态建设的政治思维，推进当前生态政治建设；中国坚持以生态为尺度进行"新常态"经济转型的同时，又以生态为导向推动新型现代化建设，从而共同推进生态经济建设；中国通过构建意识形态的生态话语权，不断倡导生态文明信仰，推进生态文化建设。生态经济、生态政治以及生态文化的结合，是中国在坚持马克思主义指导地位以及扬弃高兹生态学马克思主义的基础上，推动生态文明建设的重要体现。

2018 年习近平总书记在全国生态环境保护大会上强调："要加快建立健全以生态价值观念为准则的生态文化体系。"①2023 年 10 月，全国宣传思想文化工作会议确立了习近平文化思想。生态文化是中国特色社会主义文化的重要构成，也是新时代生态文明建设的重要方面。首先，要传承和发扬中华优秀传统文化中的生态智慧，推动中国传统生态智慧的创造性转化和创新性发展。中华民族在绵延五千多年的文明传承中向来尊重和敬畏自然，孕育了丰富而深刻的生态文明，如天人合一的生态自然观和万物平等的道德观，实现了传统文化中遵循自然规律、顺应天时、建章立制保护生态环境的观念。习近平生态文明思想中的生命共同体理念、两山论、环境就是民生等重要论断，都是对中华优秀传统生态文化的继承和发展、凝练和升华。其次，新时代生态文化的繁荣兴盛发展为推进生态文明建设提供了价值引领和精神支撑。新时代我国生态文明建设取得巨大成就，生态环境保护事业也创造了绿色发展奇迹，这些实践成就为生态文明的繁荣兴盛发展提供了坚实的实践基础和现实条件。在此基础上，生态文化得到繁荣发展，生态文化活动连续举办，生态文化产品不断提供，为建设人与自然和谐共生的现代化凝聚了奋进力量，使崇尚生态文明成为良好道德风尚，营造出热爱和保护生态环境的社会氛围。最后，新时代新征程上，要深入学习和贯彻落实习近平生态文明思想，加强生态环境宣传教育，大力弘扬生态文化，培育生态文明理念，提升全体人民的生态环境意识，让生态环境保护成为全体人民的思想自觉，让人与自然和谐共生成为全体人民的共同价值理念，把美丽中国建设转化为全体人民的自觉行动。

综上所述，推进生态文明建设、建设美丽中国，必须争夺生态文明的话语权，确立生态文明信仰，大力弘扬生态文化，把生态文明理念转化为全体人民的自觉行动。生态文明是人民群众共建共享的伟大事业，每个人都是优美生态环境的建设者和受益者，人人都能共享良好生态环境这一生态产品和

---

① 习近平. 坚决打好污染防治攻坚战　推动生态文明建设迈上新台阶[N]. 人民日报，2018—05—20.

最普惠的民生福祉。具体来说，要使全体人民牢固树立"两山"生态文明理念，秉持对自然的尊重、顺应、敬畏和保护，强化全体社会成员的生态环保取向和勤俭节约意识；要动员全体人民自觉参与生态文明创建活动，参与植树造林，珍爱生活环境，节约自然资源；还要引导全体人民形成绿色生活方式，坚决遏制奢侈浪费、炫耀式消费，提倡文明健康、勤俭节约、绿色低碳、简约适度的消费观念，实现可持续发展、永续发展的生态愿景。

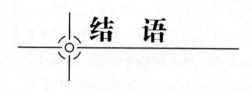

结　语

　　现代工业社会的发展，工人阶级状况的变化以及资本主义发展形势和马克思关于资本主义发展的预测存在出入。工人阶级地位提高，生活水平显著改善，他们不再是过去贫穷的无产阶级，资本主义周期性爆发的经济危机也没有如期而至，相反资本主义事业的发展在世界范围内如火如荼地进行。这一社会现状促使现代西方马克思主义者开始思考马克思主义理论是否过时，以及如何看待现代西方资本主义社会的新变化。传统工人阶级运动衰落，但是新社会运动不断爆发，包括生态运动、女权运动等。以高兹为代表的西方马克思主义学者开始关注生态环境，从生态学的角度对资本主义制度提出批判。他们认为现代资本主义生态危机取代经济危机，资本主义私有制和社会化大生产的矛盾在当代失效了，应当重新认识资本主义的矛盾和冲突。如何认识资本主义生产关系，如何认识现代资本主义社会的危机以及提出相应的解决方案成为西方马克思主义者构想生态社会主义的契机。高兹正是在思考传统社会主义的弊端中，在思考现代复杂资本主义社会的出路中创建其生态学马克思主义理论体系。

　　既然生态学马克思主义者提出从生态危机出发认识资本主义社会的危机，如何认识生态危机产生的原因、性质以及解决方案成为不同生态社会主义理论构想提出的基础。高兹生态学马克思主义理论可以说是在存在马克思主义和生态学马克思主义结合中探索现代社会解放的一次尝试。高兹以萨特存在主义理论为基础，在生态学马克思主义理论体系中嵌入存在马克思主义的方法论解决现代工业社会的经济危机。高兹认为现代资本逻辑是经济理性的表现形式，现代资本逻辑统治归根结底是经济理性支配社会的结果。由于经济理性占据主导地位，形成统治政治、文化、日常生活的资本主义制度。经济异化同技术、劳动、教育、医疗等领域的异化分不开，不仅造成自然的异化，同时造成人们交往关系的异化以及人的本质的异化。高兹对资本主义生产方式以及生活方式的批判落在对经济理性的批判上揭露资本主义异化的内容和形式。高兹认为消除生态危机要在超越资本主义的意义上发展社会主义，其社会主义运动的核心目标在于明确经济理性表达的限度。生态社会主义为经济理性发展设置高级的合理性目标，就是生态理性代替经济理性。生态理性作为生态社会主义的核心内容，将通过全面的文化革命推动实现社会主义生态现代化。生态理性通过社会合作组织实现自我管理和自我设限限制经济理性的扩张，自由决定劳动时间，从根本上消灭付薪劳动，也避免高度集权的政治经济体制分化上层目标和下层需求对个人自由的压制。

高兹生态学马克思主义理论是面对现代生态危机超越资本主义的构想，他认为这是不同于传统社会主义的真正的社会主义。高兹的生态社会主义理论回到经济领域思考资本主义社会产生的生态危机，可以说高兹没有离开马克思主义历史唯物主义理论和政治经济学批判认识资本主义。但是它把经济理性看作是和资本主义制度不同的两个范畴，在马克思看来正是由于资本主义私有制和社会化生产的发展导致不可调和的矛盾，在高兹那里资本主义制度只是不能够恰当限制经济理性而导致资本逻辑对社会的统治。所以马克思消灭资本主义制度的构想在高兹这里变成重建社会主义制度设置经济理性的最高目标。高兹发现也面对了资本主义利益关系这一根本冲突，在马克思主义理论中需要解决的是资本家财富生产和无产阶级贫困之间的矛盾，而现代社会工人不再是贫困的无产阶级，社会日益明显的冲突也就转向物质利益生产和生态环境之间的冲突。高兹实现经济的生态重建寄希望于社会能够在经济理性之外找到更高的合理性目标。归根结底，高兹和马克思都致力于正确理解社会物质利益生产的正当性以及限度问题。高兹把这一问题转化为经济理性的表达限度，并因此确立生态社会主义的核心内涵。如何认识这一矛盾的转化，认识生态社会主义的价值及其局限；如何认识经济危机转化为生态危机背后的资本主义生产关系；解决生态环境危机乃至资本主义社会异化问题是否能够从政治经济学领域转化为政治生态学领域；是否能够放弃对生产资料所有制问题的关照；是否能够通过文化、意识形态领域的重建解决经济领域的问题是理解高兹生态学马克思主义理论的关键。通过高兹生态学马克思主义理论和马克思政治经济学批判理论的对比研究可以发现高兹社会主义理论构想的内涵，抓住高兹生态学马克思主义理论研究的本质问题，为新时代中国特色社会主义生态文明建设提供理论镜鉴，挖掘生态文明建设的制度属性，这是本书写作高兹生态学马克思主义理论的最大收获。

以高兹为代表的生态学马克思主义，无论是对马克思主义生态思想的理论阐释，还是对现代资本主义的生态批判，都有着不容忽视的理论贡献。对于生态学马克思主义或者生态学社会主义，我们不应该把它作为一个单纯的国外马克思主义或社会主义流派来简单对待，而应该在分析批判的基础上去汲取其中的有效理论资源和重要思维方法，来推动中国化马克思主义生态文明的理论构建与实践创新。一般来说，生态学马克思主义是以当代欧美国家的马克思主义者为主体，面对现代资本主义暴露出的矛盾和问题，立足生态运动的现实政治意义，在马克思主义的视角下对全球性生态危机进行的哲学分析。生态学马克思主义除了注重对马克思主义经典著作中生态学观点的挖掘和阐释，还十分注重用马克思主义的立场观点方法对现代资本主义造成的生态危机进行理论分析，从最初的对马克思人与自然关系的反思或批评性理解，发展为一种系统的生态学马克思主义学说或理论。到了 20 世纪六七十年代，以安德烈·高兹为代表的生态学马克思主义者"把古典马克思主义意义上的对资本主义制度的政治经济学批判扩展为对资本主义制度的政治生态学批判，或者说对一种系统性生态马克思主义观点的清晰阐述"[①]。再到 20 世纪八九十年代，安德烈·高兹发表了《资本主义、社会主义、生态》。生态学马克思主义者之间存在着观点差异，但在整体上都是对现代资本主义造成的生态危机及其应对的系统性批判，在此基础上，"它指向一种特定而明确的绿色政治变革目标、议程和战略或替代性愿景，即生态的社会主义政治及其未来。在它看来，对资本主义制度下的生态环境危机状况或反生态本性的批判立场

[①]　本·阿格尔. 西方马克思主义概论[M]. 慎之等译. 北京：中国人民大学出版社，1991：475.

固然重要，但至少同样重要的是，需要主动构建并践行一种基于替代资本主义总体性架构的社会主义政治主张和行动战略"①。

我们必须认识到，生态学马克思主义与经典马克思主义有着明显的继承和发展关系，它的生态批判理论，是对马克思恩格斯生态思想的有益补充和扩展深化，在一定意义上属于广义的马克思主义生态学的理论体系。同样地，在研究阐释经典马克思主义生态思想和批判分析生态学马克思主义的生态批判理论的过程中，中国学者主动构建起具有中国特色的马克思主义生态理论。习近平生态文明思想作为当代中国的马克思主义生态学，是 21 世纪的马克思主义生态政治哲学和绿色变革理论，有着深厚的马克思主义生态学理论基础，不仅继承发展了经典的马克思主义生态学思想，还借鉴吸收了生态学马克思主义对当代资本主义生态批判和对未来生态社会主义构建的理论观点。习近平生态文明思想将生态文明建设放在中国现代化事业的总体布局中来把握，凸显出生态文明建设的战略和基础地位，"从而从根本上使中国式现代化与造成人与人、人与自然关系异化以及物质文明与精神文明背离的畸形、片面的资本主义现代化区别开来"②。习近平生态文明思想作为新时代中国生态文明建设的理论遵循和行动指南，集中体现了中国式现代化新道路的生态意蕴，坚持人与自然和谐共生、人与自然是生命共同体，坚持绿色低碳发展，推进美丽中国建设。

---

① 郇庆治. 论习近平生态文明思想的马克思主义生态学基础[J]. 武汉大学学报(哲学社会科学版)，2002(4)：18-26.

② 王雨辰，王瑾. 习近平生态文明思想与中国式现代化新道路的生态意蕴[J]. 马克思主义与现实，2022(5)：1-9.

附录 "人与自然是生命共同体" 理念的当代建构

对自然的无序利用与强制开发是人类在自然观上犯下的一个"本体论"错误。对人与自然的关系问题进行理论性反思以及对人类存在的本质进行实践性反思以及我们必须把人与自然置于生命共同体的视域下，寻求人与自然、人与自身、人与社会的和解之路。人与自然达成生命共同体必须通过人与人之间联合，在实践基础上才能达成，而这是以认识与遵循自然界的客观规律为前提的，是以对人自由全面发展本质的实现为前提的，是对自然本体的尊重与正确认识，是人的能动性的理性发挥。实现人的自然性和自然的属人性的统一，才能实现人的自然主义与自然的人道主义的统一，才能实现人的自由全面发展和自然的均衡良性进化，使人与自然在生命共同体的和谐状态下，走向社会主义生态文明新时代。

一、"人与自然是生命共同体"的多维度分析

（一）"人与自然是生命共同体"的哲学内涵

习近平总书记在党的十九大报告中提出，人与自然是生命共同体。就其本意来讲，"生命共同体"不是在"人类中心主义"或"非人类中心主义"视角下认识的人与自然的关系，其内涵是人与自然共同生存、共同发展，有着共同利益和共同价值诉求的共同关系模式。自然是个有机的统一体，"生命和物质世界并非存在于'孤立的隔间'之中，相反，'在有机生物与环境之间存在着一

种非常特殊的统一体'"①。人与自然界中的构成要素不是彼此孤立的、毫不相干的物质世界，而是会进行物质交换活动。人以自然界为基础进行生命活动的交换，自然界在人的自我生产、生成活动中具有重要作用。自然界因为人的生命生产活动而获得存在的意义与价值，人与自然休戚相关。

把人与自然看成生命共同体，就要改变以往主客二元对立的认知，应当认识到自然不应当仅仅是人类存续和发展的手段。人与自然是在一种共生共存的关系中实现自身、发展自我，这一点对于人类和自然同样有效。在人与自然构成的生命共同体中，人自身的发展是自然成其为自然的内在条件；同样地，生态自然的构建与实现也必须以人的自由全面发展为前提。因而人的发展包括自然的发展，自然的发展也是人的发展的应有之义。人与自然的共同体实现了真正的和解，实现了存在和本质、对象化和自我确证、自由和必然、个体和类之间矛盾的真正解决。

人与自然是生命共同体，首先是共生共存的关系。所谓共同生存，就是一方的存在以另一方的存在为前提，按照唯物辩证法的内容，存在的方式表现为相互依赖和相互斗争。一方面，自然是人存在和发展的基础，人赋予自然以现实的内容；另一方面，人与自然相互斗争，表现为人类同其他存在物以及生活环境之间的生存斗争。人与自然的发展将必然在相互对立和斗争的关系中生成为和谐、统一的内容，这样才成其为一个生命共同体。其次，共同发展是共生共存的目标，人与自然的物质变换不应是彼此耗损，而应当是实现人与自然的共同发展、相互促进。再次，人与自然在共同生存、共同发展的过程中成为息息相关的存在，以至于任何一方的存在和发展都包含着另一方，因而人的自然的或者社会的权利最终要在人与自然的生命共同体中提出和实现。最后，在共生共存、共同发展的关系中确立人与自然的共同的价值诉求，实现人的发展和发展生态自然应在保持共同的价值诉求中统一起来。

人与自然所达成的生命共同体，是把人与自然的各自发展纳入到对方发展的过程，共生共存，共同发展。解决人与自然的矛盾将在人与自然作为生

---

① 约翰·贝拉米·福斯特. 马克思的生态学：唯物主义与自然［M］. 刘仁胜，肖峰等译，北京：高等教育出版社，2006：19.

命共同体的意义上开辟出一条新的发展路径,既是生态可持续发展的科学路径,也是人自由而全面发展的现实路径。尊重自然同实现人的本性统一于人类历史发展的一般过程中,互为前提又互为结果,互为目的又互为手段,人与自然的"联合"才能实现人与人之间、人与自然之间的和解。

(二)从历史维度分析"人与自然是生命共同体"的必然性

普列汉诺夫指出:"社会人与地理环境之间的相互作用,是出乎寻常地变化多端的。人的生产力在它的发展中每进一步,这个关系就变化一次。"①人与自然的关系是整个社会发展历程的外在表现形式,其经历了从人对自然的敬畏、服从和崇拜到人对自然的利用、控制和征服,再到人类谋求与自然的和谐共生,构成了人与自然否定之否定螺旋式的发展过程。

在人类主要依靠狩猎、捕鱼以及农耕为生的时期,由于对大自然狭隘有限的认识,在丛林意识的支配下,人对自然的开发和利用只能在相对狭窄、孤立的范围内得以发展,人单向地、被动地完全服从于自然,并把自然神圣化。马克思深刻地分析了在那个原始的、以人对自然的依赖为主要特征的社会发展阶段下的人与自然的关系。他指出:"人们同自然界的关系完全像动物同自然界的关系一样,人们就像牲畜一样慑服于自然界"②。启蒙运动的推进,突破自然宗教和神学宗教的束缚发现了"人",人的能力和价值备受推崇,以至于从服从自然发展出征服自然的社会意识。进入工业社会以后,生产力获得了突飞猛进的发展,原本独立完整"在天上"的自然界沦为了物的可怜的附属品,沦为人的有用性的工具和奴隶,而人本身也成为受物欲支配的异己存在,成为失去了"人之为人"本性的单向度的经济动物。进入马克思所阐释的以物的依赖性为基础的独立性阶段,资本主义社会毫无节制地追求资本的无限增殖,"使自然的所有各个方面都受生产的支配"③。人在不断追求满足自身需要的同时疯狂地想去利用、控制自然,结果"人靠科学和创造性天才征服了自然力,那么自然力也对人进行报复"④。全球环境污染严重危及人类的健康,

---

① 普列汉诺夫.普列汉诺夫哲学选集:第3卷[M].上海:上海三联书店,1959:170.
② 马克思,恩格斯.马克思恩格斯文集:第1卷[M].北京:人民出版社,2009:534.
③ 马克思,恩格斯.马克思恩格斯全集:第4卷(下)[M].北京:人民出版社,1980:292.
④ 马克思,恩格斯.马克思恩格斯文集:第3卷[M].北京:人民出版社,2009:336.

资源消耗严重危及经济、社会发展，频繁爆发的自然灾祸都是自然对人类的无情报复和严重警告。

在技术理性和工具理性的统治下，人与自然的本性被双双遮蔽了。要使人与自然的本性重新显现，就要把人从本质上看成是活生生的、在生产生活实践过程中构建起来的"现实的人"，就要深刻地理解自然界不仅仅是外在自然，还包括"人"本身，是"属人"的自然界。也就是说，只有在马克思所描述的"建立在个人全面发展和他们共同的、社会的生产能力成为从属于他们的社会财富这一基础上的自由个性"①，才能真正地实现人与自然的和谐共生。

人与自然的和谐共生才是人与自然的和解之道。只有实现人与自然的统一，实现将人类的利益与自然的利益视为同等重要地位上的统一，实现将自然自我进化的本性与人的本性共同发挥出来的统一，才能使人与自然自由发展的本质得以显现，使人与自然成为真正的生命共同体。

(三) 从逻辑维度分析"人与自然生命是生命共同体"的可能性

早在古希腊时期，自然哲学认为人与自然没有分别。按照自然的法则对待人，不存在那种在本性上与自然不同的人的存在，人与自然是一个同质、同性的共同体。随着属人世界与自然世界的分离，才有人与自然矛盾的产生。

首先，必须明确"自然"对于人的意义，"自然是否存在和怎样存在"的本体论问题是认识人与自然关系的基本前提。自然界是先于人而存在的，人是自然界发展到一定阶段的产物。人的一切物质生活资料全部来源于自然界，人的任何生产、生活活动都离不开自然，自然界为人类源源不断地提供自然资源和生态资源，提供人类生存发展的物质基础。人作为自然世界中"受限制的"存在物，其主观能动性的发挥受到自然界进化规律的规定和限制，人不应该突破自然本身的承受能力，不应当超出自然的自我修复能力。对自然资源的掠夺式开发和毫无节制的耗费，最终必将造成生态危机进而祸及人类自身。

其次，必须明确人对于自然的意义。伴随着自然世界中属人世界的建立以及主客体二元对立关系的确立，人把自身从自然界中分离出来，成为活动的主体，并把自然界看作认识和改造的客体。第一，主体是相对于客体的主

---

① 马克思，恩格斯. 马克思恩格斯文集：第8卷（上）[M]. 北京：人民出版社，2009：52.

体，客体是有主体的客体。在主体存在的前提下，客体的存在才是有意义的。"被抽象地理解的，自为的，被确定为与人分隔开来的自然界，对人来说也是无。"①第二，人为了生存发展，不断地去否定自然、改造自然的状态，而自然为了回到自然状态，又不断地否定人，主客体之间进行着否定之否定的交互作用。正是在这种主客体的交互作用中，自然才真正而全面地成为人的本质力量对象化的世界。第三，主客体之间的互动并不是盲目的。人作为有生命的存在物，与自然的生命状态以及自身内部所遵循的进化规律有着不可分割的联系，对自然的改造要以对自然规律的理解和遵从为基础。人要尊重自然自身的理性即自然的本性，才能在平等的基础上进行与自然的物质变换。第四，人不是消极的个体存在物，而是有意识的，有目的的，不断地在"自己的存在中也在自己的知识中确证并表现自身"②的类存在物。人在自然中确证自身的存在意义和价值。

最后，必须明确人与自然在实践过程中共生共存。"劳动首先是人和自然之间的过程，是人以自身的活动来中介、调整和控制人和自然之间的物质变换的过程。"③实践是达成人与自然联系的桥梁，人通过实践活动改造外部现实，使其按照人的要求变成理想的现实。人与自然的互动是人通过劳动实践不断来确证自己的社会性本质的过程，也就是人不断地实现自己实践本质的过程。

就自然的本质来说，一方面，自然具有自然性，自然的自我进化存在着其内在的规定性，只有人对自然的支配和改造符合客观规律，自然才能完成自我进化的过程。另一方面，自然具有属人性，是为人类的生产生活提供物质与能量的对象化的存在，是"人化的自然"。人只有在与自然的错综复杂的能量转换和物质交换的劳动实践过程中，才能实现人的本质；同时，只有能实现人的本质的人化自然，才真正是社会化的现实的自然。因此，只有通过实践达成的社会关系的实现，只有对自然加以正确认识和合理改造，人与自然之间才能找到共生共存的和解之道。

---

① 马克思.1844 年经济学哲学手稿[M].北京：人民出版社，2000：116.
② 马克思，恩格斯.马克思恩格斯文集：第 1 卷[M].北京：人民出版社，2009：211.
③ 马克思，恩格斯.马克思恩格斯文集：第 5 卷[M].北京：人民出版社，2009：207－208.

总之，自然的自在性、属人性与人的自然性和社会性是一体的，自然的内在进化与社会发展中人的解放和自由全面发展是一体的。当人与自然处于相互敌对的状态下，生命共同体的普遍性则是虚假的。从本质上说，在实践达成的社会关系中，人通过实践才能重新获得人的本质，实现人本质的"真正的复归"。只有实现了人的自然性和自然的属人性的统一，才能实现人的自然主义与自然的人道主义的统一，才能使人与自然成为和谐统一的生命共同体。

二、"真正的共同体"是人与自然的生命共同体的内在旨归

马克思主义哲学关于人的本质的论述包含着解决人与自然关系的独特理论视角和价值立场。马克思指出："人对自然的关系直接就是人对人的关系，正像人对人的关系直接就是人对自然的关系，就是他自己的自然的规定。"[①]在未来的共产主义社会，在自由人联合体的社会形式下，将是人与自然和谐发展的共同体形式。在共产主义社会，"社会化的人，联合起来的生产者，将合理地调节他们和自然之间的物质变换，把它置于他们的共同控制之下，而不让它作为一种盲目的力量来统治自己；靠消耗最小的力量，在最无愧于和最适合于他们的人类本性的条件下来进行这种物质变换"[②]。

(一) 人的自由本质的实现是生命共同体的价值旨归

人与自然的共存性和人的自由全面发展是内在统一的，个人能够自由地在自然和社会环境中展开自己多样的生活实践，这是构建人与自然的生命共同体的内在要求。自由是人的本质要求。黑格尔认为"自由的真义在于没有绝对的外物与我对立，不依赖一种'内容'，这内容就是我自己"[③]。马克思则是把人的自由和人类解放赋予现实性和历史性的内容。马克思认为，真正的自由就是人对物质世界和社会关系的全面占有，自由王国也就是自由人联合体对必然王国的超越，即"每个人的自由发展是一切人的自由发展的条件"[④]的联合体，超越必然性的存在达到自由自觉的存在状态。在以往的人类中心论和

---

① 马克思，恩格斯. 马克思恩格斯文集：第 1 卷[M]. 北京：人民出版社，2009：184.
② 马克思，恩格斯. 马克思恩格斯文集：第 7 卷[M]. 北京：人民出版社，2009：928—929.
③ 黑格尔. 小逻辑[M]. 贺麟译，北京：商务印书馆，1980：115.
④ 马克思，恩格斯. 共产党宣言[M]. 北京：人民出版社，1997：50.

非人类中心论的观点中，都偏离了人的自由本质和自然本性，人与自然的本质都在晦暗之中被双双遮蔽了。

人类中心论的观点是极端工具理性的表现。它完全从"人是理性动物"和"人是目的"出发，把自然看成是纯粹地依附于人的对象性的存在，忽视自然自身的容量与限度，把自然看成是工具理性的对象，不仅使自然沦为了工具理性的奴隶，也使人自身成为了受物欲支配的动物。人和自然同时丧失其主体性的力量，丧失其本质的内容。"技术的解放力量——物的工具化——变成了自由的枷锁：人的工具化。"①工具理性的滥用使人的劳动发生了异化，使人失去了自由。以人为中心以及对自然或者自然规律的极端漠视变为了对人自身的听之任之；对自然的无条件的征服严重危及了人类的生存安全；对自然资源无节制的强制消耗严重制约了人类的持续发展；对个体意识的过分张扬严重限制了个人现实的社会性的生成；对人类中心论的执著追求本身就成为了限制人自由全面发展的新桎梏。人不知不觉地放弃了自身的规定性，使人的自由本性被遮蔽了。同时，自然沦为人类追求利润的工具，弱化了自我规定、自我发展的可能性，结果自然的本性也被遮蔽了。

非人类中心论的倡导者则反对人类中心论对人性的极度彰显，竭力地否定、消解人的理性，从人对自然的依赖性角度来强调人的自然性和自然的内在价值。"动物权利论"以及"自然价值论"等观点都是把人降低到动物与自然之中去，把环境伦理的对象扩展到人以外的自然物，倡导自然界为人立法。但是根据休谟和康德的推理，从自然规律的"是"无法推导出人类"应该"保护自然的道德行为。道德原则只能是人自己规定自己，道德行为只能是人自身决定的自律。伦理关怀范围的扩展使道德的"他律"成为了外在于人的异己的强制力量，忽略了人的自由选择性，使人匍匐于"必然性"的脚下，人的能动性和创造性都被抑制了，人失去了从必然王国通向自由王国的道路。人类文明的发展一直在确立一个主题：人是目的，不是手段。当人失去其自由性而成为受必然性支配的奴隶，离开了人之为人的真实内容，自然也就同时丧失了完整性和丰富性。

---

① 赫伯特·马尔库塞. 单向度的人[M]. 张峰等译，重庆：重庆出版社，1988：153.

对自然资源的掠夺式开发和对生态环境的无情肆虐、把自然当作人的发展手段的人类中心主义价值观，一度将人与自然的关系推到崩溃的边缘；把伦理关怀扩展到人以外的自然存在物，以强调自然的内在价值和人与自然的同质性为基础的非人类中心主义价值观，使作为理性存在者的人沦为自然必然性的奴隶。这两种价值观点必须予以摒弃，无论是人类中心论还是非人类中心论，都需要向人与自然构建生命共同体基础上的和谐共生的范式转变，在实现自然的本性中实现人的本质，体现人是目的的观点，消除自然的盲目以及自然对人的统治；在实现人的本质中实现自然的本性，从而确证自己。就是说，人与自然只有在生命共同体中实现和谐共生才能使人和自然都找回各自的本质，使其自由自觉的本性从暗到明，进而使人成为真正的人，自然成为真正的自然。

（二）人与人的联合是生命共同体的实践方式

正如人与人联合起来占有社会条件实现真正共同体，建设人与自然的生命共同体也需要人与人联合起来。"在真正的共同体的条件下，各个人在自己的联合中并通过这种联合获得自己的自由。"①社会中最根本的内容就是人与人的关系，人与自然的关系也通过人与人的关系来表达，人与人的联合也要通过实践的方式来实现。

在人的本质现实性上，它要求摆脱抽象和孤立的个人进入具体的现实的社会。构建人与自然的生命共同体，其理论出发点是"现实的个人"和"现实的活动"。所谓"现实的个人"必须是有血有肉的个体，是身处于现实之中，可以通过经验观察到的而不是虚拟想象的，是处于一定发展过程之中的真实的人。这样，人不仅是自然存在物，而且是社会存在物，人不再是相互隔绝的、孤立存在的抽象的人，而是通过与自然界中各要素的相互作用而成为现实的、具体的人。人在自己创造的"对象世界"里发现和证明自己的本质，这个本质是人固有的。人与自然的关系在人同自然的物质交换过程中进行，因而必须回到人自身最基本的社会历史活动。在这个过程中，必须保证人与人的顺利联合。

---

① 马克思，恩格斯. 马克思恩格斯文集：第 1 卷[M]. 北京：人民出版社，2009：571.

首先，共同的生产生活条件是人与人联合起来的前提。自然界构成人类最基本的生产生活条件。按照马克思的理论，从资本主义统治下解放的途径必须是使全体社会成员共同占有生产条件，占有自然界必然是其一部分。人作为自然存在物，只有不断地与自然界进行物质交换才能实现生命的存续发展，这既是人最基本的存在方式，也是人最基本的生存权利。人通过能动的社会实践活动，构建起了人与自然的生命共同体关系，既实现了人的生命的自由，又实现了自然的进化发展。

其次，人与人的联合以实现人的权利为目的，以尊重自然的权利为条件。如果不是建立在对自然的科学认识上，不可能实现人与人之间的联合。自然与人的同质性决定了在最后解放人自身的过程中必须首先解放自然，也就意味着人与人联合起来在建立人与自然的共同体的过程中才能获得建立真正共同体的力量。

最后，个人联合起来对社会生产条件的控制是自然社会化和社会自然化的统一。不管是人类社会的发展还是自然的发展，都不是单个人的力量所能实现的，必须把自然的和社会的内容统一起来纳入人类历史发展的一般过程中。人类社会的进步是在人类不断地认识、利用、改造和适应自然界的过程中进行的，自然的历史不是纯粹的、脱离于人的独立的发展，而是与人类社会共同演进的人化自然的历史。人总是不断地与自然发生这样或那样的联系，发生着这种或那种能量转换和物质变换，把自在自由的自然改造成为现实的、能满足自身物质需要和精神需要的人化自然。

（三）"两个和解"是生命共同体的最终目标

生命共同体首先寻求人与自然的和解。合规律性地调节物质变换活动是人与自然的和解之道。人的主体能动性的理性发挥是保证人与自然合理交换的前提。人与自然在怎样的程度上达成生命共同体，不仅取决于在能量转换和物质变换中人的主体能动性的发挥程度，同时也取决于对客体自然的认知程度和控制能力。人不能单纯地、盲目地对自然施以蛮力，也不能以纯粹的自我规定来使用自然力，而是要认识并尊重自然界的一切物种都有其自身的独特价值和运行规则，对自然的支配和改造必须限制在一个合规律的、适度的范围之内，以实现自然内在有序的生存繁衍、进化发展。一旦人类突破了限度，就会打破自然系统的生态平衡，从而遭受自然界对人类的报复。

真正的共同体寻求人与人自身的和解。人口问题、能源问题、环境问题等一系列的社会生态问题与"以人为中心"的自我意识膨胀有着直接的关系，但根本上是资本主义制度下对资本的无限推崇所造成的。反对资本对人性的奴役、建立自由的联合体最终和对生态自然的认知联系在一起。

生态危机与资本主义制度存在着必然的联系，劳动异化一方面使劳动者身心遭到摧残，人的自由本质出现背离，另一方面也使土地、资源等自然力遭受前所未有的破坏。在现代生产方式中，自然界已蜕变为资源性的工具，成为生产系统中的一个生产要素，"有用性"成为了自然这种特殊生产资料的唯一评价标准。科学技术的飞速发展与广泛应用，使自然也正在不断形成和自身相异化的力量，人与自然的背离所导致的后果愈加严重。近年来，很多国外生态哲学的研究者指出，生态环境恶化不仅仅是技术异化、工具理性滥用的结果，其根本原因在于赋予技术控制自然能力的资本主义的生产关系。"资本主义生产关系所采用的技术类型及其使用方式使得自然以及其他的一些生产条件发生退化。"①只有生产方式的历史性革新，才能超越私有化的生产逻辑，才能消除异化劳动和异化自然的影响，才能实现人的本质在社会生活中的复归，实现人与自然的和谐共生。

生命共同体统一于真正的共同体，人与自然的和解统一于人与人自身的和解过程。马克思指出，要实现人类自身解放就要首先实现人与自然之间的和解。实现人的自由全面发展是对人性中最自然、最本质的内容的实现，是人的社会性的实现，也是人的自然性的实现。真正的社会共同体必须为人与自然的生命共同体提供基本的社会保障，必须提供个人全面发展的合理条件，特别是提供优质的生态生活条件，个人在其中展开生活实践，建构和谐的社会关系和自然环境。

三、构建人与自然的生命共同体的内在要求

新时代，"我国社会主要矛盾已经转化为人民日益增长的美好生活需要和

---

① 詹姆斯·奥康纳. 自然的理由：生态学马克思主义研究[M]. 唐正东等译，南京：南京大学出版社，2003：331.

不平衡不充分的发展之间的矛盾"①。对美好生活的需要同影响人们生活质量的生态环境密切相关，因此经济发展和生态保护之间的不平衡是目前需要着重考虑的因素。"人口再生产与物质再生产之间的矛盾、自然资源的生产效用与生态价值之间的背离、对环境容量的无偿占有与对环境质量的自觉养护之间的失衡、追求数量和速度与质量和效益之间的不协调"②，已经成为满足人民日益增长的对优美生态环境需要的主要制约因素。要实现人与自然的自由全面发展，必须把人与自然置于生命共同体的视阈下，寻求人与自然、人与自身、人与社会的和解之路。

（一）绿色发展是构建生命共同体的有效路径

列宁说："世界不会满足人，人决心以自己的行动来改变世界。"③自然界不会自主地去符合人的目的和要求，人与自然之间时时具有矛盾，因此，要想搭建起人与自然的生命共同体的桥梁，需要通过实践的"外部现实性"把人的"理想性"的要求或目的变成"具体的""现实的"外部存在。因而，构建人与自然的生命共同体必须在符合人类本性的科学实践中展开。何为符合人类本性的科学实践呢？

首先，发挥绿色科技和生态资源的合力。按照马克思主义唯物史观的理解，人类社会生活的需要是物质生产的前提，一切生产都是为了满足人类的各种生活需要而存在的；物质生产则是人类社会生活向前推进的基础和动力。世界环境与发展委员会在其发布的报告《我们共同的未来》中指出："一个以贫穷为特点的世界将永远摆脱不了生态的和其他的灾难。"④可见，生产力的发展是实现人与自然和谐发展的基础和前提。要发挥绿色科技和生态资源的合力作用，培养生态经济增长点。

一方面，科学技术作为生产力的智力要素通过渗透到生产力的诸要素之中，以一种势不可挡的态势发挥着主干支撑的作用，促进物质生活水平的不

---

① 习近平. 决胜全面建成小康社会 夺取新时代中国特色社会主义伟大胜利——在中国共产党第十九次全国代表大会上的报告[M]. 北京：人民出版社，2017：11.

② 余源培. 对构建人与自然和谐社会的哲学思考[J]. 湖南社会科学，2005(4)：1-5.

③ 列宁. 哲学笔记[M]. 北京：人民出版社，1993：183.

④ 世界环境与发展委员会. 我们共同的未来[M]. 王之佳，柯金良译，长春：吉林人民出版社，1997：10—11.

断提高。可以说，"从全球范围看，科学技术越来越成为推动经济社会发展的主要力量"①。要格外重视绿色科技的合理应用，退耕还林、退田还湖、循环经济等项目在保护生态的同时发展了生产力。另一方面，自然生态在生产力系统中日益发挥不可替代的作用。因此，要促进自然力最大限度地转化为生产力，应当把生态环境、自然资源、环保技术一同转化为生产力发展的内生变量，用集约型的生产模式代替粗放式的简单模式，加快绿色低碳技术运用，大力推进生产要素改革，提高全要素生产率，走一条内涵式绿色发展道路。

其次，正确处理"金山银山"与"绿水青山"的关系。"绿水青山"和"金山银山"分别代表保护环境和发展生产。强调"绿水青山就是金山银山"就是要把二者统一起来。"保护生态环境就是保护生产力，改善生态环境就是发展生产力。"②要正确对待经济发展与生态保护之间的张力，必须做到"合目的性"与"合规律性"的统一，在遵循自然的内部规律的前提下谋求经济发展。

人类是按照双重尺度来改变世界的。一是"按照任何一个种的尺度来进行生产"也就是遵循所有对象物的规律来进行改造；二是"按照内在的尺度运用于对象"，也就是按照美的规律即人自己的目的、理想、偏好、要求来构造外部世界。这两种尺度的统一也就是人类实践活动的"合目的性"与"合规律性"的统一。这种统一既使自在的自然变成"人化了的自然"，又使人自身实现了自我发展。③ 我们要以自然界发展的程度为限度来调节人自身、社会的发展速度，调节与自然之间的物质变换的速度和效益。我们尊重自然的物的尺度以实现物质的丰富性，尊重人的内在价值尺度以实现精神的富足性，促进人与自然的和谐共生以实现生命共同体的共赢。

（二）满足人们对美好生活的需要是构建生命共同体的价值旨趣

在人与自然之间的双向互动关系中，作为客体的自然不仅仅是被认识、被利用、被改造的对象，还是有着平等的生存权和发展权的价值主体。在有机的整体生态系统里，人和自然都是生态金字塔里不可或缺的组成部分，都

---

① 习近平. 敏锐把握世界科技创新发展趋势 切实把创新驱动发展战略实施好[N]. 人民日报，2013－10－2.

② 中共中央宣传部. 习近平总书记系列重要讲话读本（2016 年版）[M]. 北京：学习出版社、人民出版社，2016：234.

③ 孙正聿. 哲学通论[M]. 上海：复旦大学出版社，2012：123.

有其独特的存在价值,"我们不仅要承认人的价值,而且也要承认自然的价值"①。自然向人的生命活动提供对象(材料)和工具,因而对人类社会生存与发展有积极效用;植物、动物、石头、空气、光等自然物作为生态系统的诸多因素,因而对于整个生态系统的和谐进化有积极效用;自然的人和人化自然的统一才能实现真正的发展,因而对于人与自然的生命共同体的持续发展有积极效用。我们应尊重并重视自然环境的价值和规律,我们应保护自然的完整性、多样性、稳定性和可持续性。

自然不仅仅具有对象性的价值,更为重要的是有满足人的丰富性和全面性需要的价值。人与自然构建生命共同体的最终目标是满足人民日益增长的需要,是"既要创造更多物质财富和精神财富以满足人民日益增长的美好生活需要,也要提供更多优质生态产品以满足人民日益增长的优美生态环境需要"②。

人的需要是与满足需要的手段和满足需要的能力一同发展的,是同人的本质力量的获得与丰富相一致的。首先,基本的物质需要是人类生存与发展的前提和基础。马克思曾指出人类要生存发展首先要进行能满足人衣食住行需要的物质资料的生产。其次,生态需要在动态的历史过程中已经成为新的重要的发展需要。马克思认为人的需要是社会历史发展的内容,需要的内容会随着需要的层次的发展而不断更新,事实上这是统一于人的本质发展的需要。在马克思的人的发展理论中,人的自由全面发展就表现出了人的发展需要的全面性。按照学者柳杨青的定义:"生态需要是人类为了获得自身最大福利需要而产生的对生态产品的需求。"③生态产品主要包括清新的空气、清洁的水源、舒适的环境、宜人的气候等,优质的生态产品不仅满足人的生存需要,更满足人的发展需要。

综上所述,在处理人与自然的关系问题中要树立大价值观念,任何不考

---

① 余谋昌. 生态伦理学:从理论走向实践[M]. 北京:首都师范大学出版社,1999:72.

② 习近平. 决胜全面建成小康社会 夺取新时代中国特色社会主义伟大胜利——在中国共产党第十九次全国代表大会上的报告[M]. 北京:人民出版社,2017:50.

③ 柳杨青. 生态需要内涵研究——生态经济学应加强对生态需要内容的研究[J]. 江西财经大学学报,2004(1):14-16.

虑经济、人口与自然环境均衡发展的狭隘观点都是不可取的；在构建人与自然的和谐社会的进程中，人对自然的角色应当由支配者、利用者、征服者转换为协调者、管理者和经营者。我们应当在重视自然界的经济有用性价值的同时，特别重视自然界作为哺育生命的摇篮的价值、作为审美对象的休闲娱乐价值以及作为研究对象的历史文化价值。

（三）树立社会主义生态文明观是构建生命共同体的现实选择

"生态兴则文明兴，生态衰则文明衰。"[1]习近平总书记从中国最广大人民的根本利益和人类整体利益的唯物主义立场出发提出了"人与自然是生命共同体"的理念，旨在强调良好生态环境是最公平的公共产品和最普惠的民生福祉。因而我们必须以对人民负责、对子孙后代负责的态度，全面推进生态文明建设，形成一个人与自然共同发展、和谐共生的新局面。

社会主义生态文明观坚持"以人为本"为原则，要求重视人的主体性，把包括人的生态利益在内的根本利益作为出发点和落脚点，从人的存在与发展的"权利"本质出发，以实现不同民族、不同地域以及不同时代的人的生存与发展权的平等为基本准则，通过人民群众对人与自然的生命共同体的主体认同形成共性的价值评价和价值追求，促使个体的主体性张力凝聚成推动自身发展和生态平衡的集体意识、全民节约意识、环保意识、生态意识。

社会主义生态文明观以"尊重自然"为底线，要求加强对自然规律的认识及尊重，树立好"生态红线"意识，维护好国家生态安全的底线和生命线。加强对自然的道德理性和关怀，将善的尺度从人与人之间扩大到人与自然之间。

社会主义生态文明观以"绿色发展"为基本范式。习近平总书记指出，生态环境问题归根到底是发展方式的问题，要将生态文明建设融入到社会主义现代化建设的方方面面，改进生产生活方式，坚定推进绿色发展、循环经济，实现人与自然的生命共同体系统内的良性循环与动态平衡。倡导"科技含量高、资源消耗低、环境污染少"的生产方式和"勤俭节约、绿色低碳、文明健康"的生活方式。

---

① 中共中央宣传部. 习近平总书记系列重要讲话读本（2016 年版）[M]. 北京：学习出版社、人民出版社，2016：231.

　　社会主义生态文明观要为全球生态安全做出贡献。一方面，任何国家和地区的进步发展都不能以损害其他国家和地区的进步发展为代价，要特别维护一些发展中国家和落后地区的利益和需求；另一方面，全球生态安全不仅仅是某个国家或某个地区的生态安全，而是整个地球的生态平衡和整个人类的持续发展。维护生态系统的正常有序、构建人类命运共同体是中华民族和世界存续发展的目标。

　　万物各得其和以生，各得其养以成。习近平总书记指出："我们要建设的现代化是人与自然和谐共生的现代化，既要创造更多物质财富和精神财富以满足人民日益增长的美好生活需要，也要提供更多优质生态产品以满足人民日益增长的优美生态环境需要。"[①]要在全社会建立起人与自然的生命共同体的价值观念，使人与自然和谐共生成为一种价值理念和行为准则，使其贯穿于社会主义现代化建设当中，转化为政治、经济、文化和社会建设的理念和指导，治理好环境污染，建设好生态环境，保障好能源资源，实现人的自由全面发展和自然的均衡良性进化，使人与自然在生命共同体的和谐状态下，走向社会主义生态文明新时代。

---

　　① 习近平. 决胜全面建成小康社会 夺取新时代中国特色社会主义伟大胜利——在中国共产党第十九次全国代表大会上的报告[M]. 北京：人民出版社，2017：50.

参考文献

一、马克思主义经典著作

[1]马克思. 资本论(第 1 卷). [M]. 北京：人民出版社，2004.

[2]马克思. 资本论(第 3 卷). [M]. 北京：人民出版社，2004.

[3]马克思恩格斯文集(第 1 卷)[M]. 北京：人民出版社，2009.

[4]马克思恩格斯文集(第 3 卷)[M]. 北京：人民出版社，2009.

[5]马克思恩格斯文集(第 5 卷)[M]. 北京：人民出版社，2009.

[6]马克思恩格斯全集(第 8 卷)[M]. 北京：人民出版社，2009.

[7]马克思恩格斯文集(第 1 卷)[M]. 北京：人民出版社，2012.

[8]马克思恩格斯选集(第 2 卷)[M]. 北京：人民出版社，2012.

[9]马克思恩格斯选集(第 3 卷)[M]. 北京：人民出版社，2012.

[10]马克思恩格斯选集(第 4 卷)[M]. 北京：人民出版社，2012.

[11]马克思恩格斯全集(第 3 卷)[M]. 北京：人民出版社，1995.

[12]马克思恩格斯全集(第 40 卷)[M]. 北京：人民出版社，1995.

[13]马克思. 1844 年经济学哲学手稿[M]. 北京：人民出版社，2000.

[14]马克思，恩格斯. 德意志意识形态[M]. 北京：人民出版社，1997.

二、相关研究著作

[1][法]安德烈·高兹. 资本主义，社会主义，生态 迷失与方向[M]. 彭姝祎译. 北京：
    商务印书馆，2018.

[2][法]让－保罗·萨特. 存在主义是一种人道主义[M]. 周煦良，汤永宽译，上海：上海

译文出版社，2006.

[3][法]让-保罗·萨特. 存在与虚无[M]. 陈宣良等译，北京：生活. 读书. 新知三联书店，1987.

[4][法]让-保罗·萨特. 辩证理性批判[M]. 林骧华等译，合肥：安徽文艺出版社，1998.

[5][法]皮埃尔. 米盖尔. 法国史[M]. 北京：商务印书馆，1985.

[6][日]岩佐茂. 环境的思想：环境保护与马克思主义的结合处[M]. 北京：中央编译出版社，1997.

[7][美]丹尼尔·A. 科尔曼. 生态政治建设一个绿色社会[M]. 梅俊杰译，上海：上海世纪出版集团，2006.

[8][美]赫伯特·马尔库塞. 单向度的人[M]. 刘继译，上海：上海译文出版社，2007.

[9][美]詹姆斯·奥康纳. 自然的理由生态学马克思主义研究[M]. 南京：南京大学出版社，2003.

[10][加]威廉·莱斯. 自然的控制[M]. 岳长龄等译，重庆：重庆出版社，1993.

[11][美]约翰·贝拉米·福斯特. 生态危机与资本主义[M]. 耿建新等译，上海：上海译文出版社，2006.

[12][美]约翰·贝拉米·福斯特. 马克思的生态学：唯物主义与自然[M]. 刘仁胜等译，北京：高等教育出版社，2006.

[13][英]戴维·佩珀. 生态社会主义：从深生态学到社会正义[M]. 刘颖译，济南：山东大学出版社，2005.

[14][加]本·阿格尔. 西方马克思主义概论[M]. 慎之等译，北京：中国人民大学出版社，1991.

[15][美]本·阿格. 作为批评理论的文化研究[M]. 张喜华译，开封：河南大学出版社，2010.

[16][德]汉娜·阿伦特. 人类的境况[M]. 王寅丽译，上海：上海人民出版，2009.

[17]徐崇温. 西方马克思主义[M]. 天津：天津人民出版社，1982.

[18]徐崇温. "西方马克思主义"论丛[M]. 重庆：重庆出版社，1989.

[19]徐崇温. 西方马克思主义理论研究[M]. 海南：海南出版社，2000.

[20]徐崇温. 怎样认识"西方马克思主义"[M]. 重庆：重庆出版社，2012.

[21]衣俊卿. 西方马克思主义概论[M]. 北京：北京大学出版社，2008.

[22]衣俊卿. 历史与乌托邦[M]. 哈尔滨：黑龙江教育出版社，1995.

[23]李青宜. "西方马克思主义"的当代资本主义理论[M]. 重庆：重庆出版社，1990.

[24]李青宜. 当代法国新马克思主义[M]. 北京：当代中国出版社，1997.

[25]陆俊. 理想的界限 西方马克思主义现代乌托邦社会主义理论研究[M]. 北京：社会科学文献出版社，1998.

[26]段忠桥. 当代国外社会思潮[M]. 北京：中国人民大学出版社，2005.

[27]俞吾金，陈学明. 马克思主义哲学流派新编[M]. 上海：复旦大学出版社，2002.

[28]陈学明，张志孚. 当代国外马克思主义研究名著提要（中、下卷）[M]. 重庆：重庆出版社，1997.

[29]陈学明. 生态文明论[M]. 重庆：重庆出版社，2008.

[30]陈学明，王凤才. 西方马克思主义前沿问题二十讲[M]. 上海：复旦大学出版社，2008.

[31]张一兵，胡大平. 西方马克思主义哲学的历史逻辑[M]. 南京：南京大学出版社，2003.

[32]汤建龙. 在萨特和马克思之间：安德瑞·高兹早中期哲学思想解读[M]. 南京：南京师范大学出版社，2011.

[33]解保军. 生态学马克思主义名著导读[M]. 哈尔滨：哈尔滨工业大学出版社，2014.

[34]曾文婷. 生态学马克思主义研究[M]. 重庆：重庆出版社，2008.

[35]王雨辰. 生态批判与绿色乌托邦：生态学马克思主义理论研究[M]. 北京：人民出版社，2009.

[36]周鑫. 西方生态现代化理论与当代中国生态文明建设[M]. 北京：光明日报出版社，2012.

[37]叶海涛. 西方马克思主义生态整治思想[M]. 南京：江苏人民出版社，2013.

[38]万希平. 生态学马克思主义理论研究[M]. 天津：天津人民出版社，2014.

[39]温晓春. 安德烈·高兹中晚期生态学马克思主义研究[M]. 上海：上海人民出版社，2014.

[40]朱波. 高兹生态学马克思主义思想研究[M]. 哈尔滨：黑龙江大学出版社，2017.

[41]冯旺舟. 资本批判与希望的乌托邦[M]. 北京：人民出版社，2017.

[42]黄继锋. 西方左翼学者的马克思主义观[M]. 北京：中国人民大学出版社，2018.

[43]Andre Gorz. Translated by Patsy Vigderman and Jonathan Cloud. Ecology As Politics. [M]. Boston：South End Press，1980.

[44]Andre Gorz. Translated by Gillian Handyside and Chris Turner. Critique of Economic Reason. [M]. London and New York：Verso，1989.

［45］Andre Gorz. The Division Labour：The Labour Process and Class-Struggle in Modern Capitalism. ［M］. Sussex：The Harvester Press，1978.

［46］Andre Gorz. Translated by Chris Turner. Capitalism，Socialism，Ecology. ［M］. Verso，London and New York：Verso，1994.

［47］Andre Gorz. Translates by Malcolm Mire. Paths to Paradise：On the Liberation from Work. ［M］. London and Sydney：Pluto Press，1985.

［48］Andre Gorz. Translated by Chris Turner. Reclaiming Work：Beyond the Wage-Based Society. ［M］. Cambridgc：Polity Press，1999.

［49］Andre Gorz. Translates by Michael Sonenscher. Farewell to the Working Class：An Essay on Post-Industrial Socialism. ［M］. London：Pluto Press，1982.

［50］Andre Gorz. Translated by Richard Howard. The Traitor. ［M］. London and New York：Verso，1989.

［51］Meiksins Wood. The Retreat form Class：A New True Socialism. ［M］. London and New York：Verso，1986.

［52］Finn Bowring. Andre Gorz and the SatreanLegacy. ［M］. London：Macmillan Press LTD，2000.

［53］Arthur Hirsh，The Franch new Left：An Intellectual History From Satre to Gorz. ［M］. Boston：South End Press，1981.

［54］Conrad Lodziaketal. Andre Gorz：A Critical Introduction. ［M］. London：Pluto Press，1997.

三、相关研究期刊文献

［1］冯旺舟. 经济理性批判与生态理性重建：安德烈·高兹对资本主义的批判［J］. 山东社会科学，2019(4).

［2］冯旺舟. 安德烈·高兹的资本主义批判理论及其时代价值［J］. 世界社会主义研究，2019(2).

［3］张永红，张叶. 从政治高度推进生态文明建设论析［J］. 思想理论教育，2018(11).

［4］汤建龙. 高兹论资本主义经济理性的本质、后果及其当代中国意义［J］. 江苏社会科学，2016(2).

［5］马遥. 劳动范式的转型——安德烈·高兹对马克思劳动理论的反思［J］. 学术研究，2016(3)

[6]宋晶. 论安德烈·高兹的三大批判[J]. 社科纵横，2015(3).

[7]叶登耀. 高兹与布克金的生态政治学思想之比较[J]. 南京航空航天大学学报(社会科学版)，2015(6).

[8]汤建龙. 高兹论资本主义"工作的危机"[J]. 广西社会科学，2015(1).

[9]马遥. 自由主体与双重超越：安德烈·高兹的政治生态学[J]. 河南社会科学，2015(2).

[10]胡俊. 高兹生态危机理论对当代中国的启示[J]. 学习与探索，2014(11).

[11]庄立峰，叶海涛. 高兹生态学马克思主义思想的考察[J]. 思想理论研究，2014(4).

[12]汤建龙. 后福特制时代的阶级和阶级分析——以安德瑞·高兹的阶级理论为例 [J]. 湖南师范大学社会科学学报，2014(3).

[13]巩在峰. 安德烈·高兹的生态学马克思主义的理论溯源[J]. 江西师范大学学报(哲学社会科学版)，2014(10).

[14]吴宁，冯琼. 论安德烈·高兹的自我观[J]. 哲学研究，2014(9).

[15]汤建龙. 论生态学马克思主义与科学发展观[J]. 理论月刊，2013(3).

[16]马瑞丽，吴宁. 劳动分工与社会公平——论马克思和安德烈·高兹的劳动分工理论[J]. 河南科技学院学报，2013(7).

[17]温晓春. 重建劳动与自由：安德烈·高兹对资本主义劳动意识形态的生态学马克思主义批判[J]. 江西科技示范大学学报，2013(2).

[18]吴宁，马瑞丽. 安德烈·高兹的劳动分工理论[J]. 湖南师范大学社会科学学报，2013(7).

[19]胡旭明，丁海蒙. 生态学马克思主义的理论性质问题刍议[J]. 社会科学战线，2012(3).

[20]温晓春，韩欲立. 政治生态学：生态学内容和方法上的考察——安德烈·高兹生态学马克思主义思想研究[J]. 西南大学学报(社会科学版)，2011(11).

[21]温晓春，韩欲立. 政治生态学：生态学内容和方法上的考察——安德烈·高兹生态学马克思主义思想研究[J]. 西南大学学报(社会科学版)，2011(6).

[22]汤建龙. 生态学马克思主义的历史逻辑、理论问题和总体趋势[J]. 江苏社会科学，2010(10).

[23]温晓春，韩欲立. 健康的幻想：作为资本运动的医疗与疾病——安德烈·高兹的医疗工业批判[J]. 哲学动态，2010(1).

[24]赵世琳. "生态学马克思主义"的多维视野——安德烈·高兹的生态重建理论探析[J]. 浙江理工大学学报，2010(11).

[25]吴宁. 安德烈·高兹的就业理论及其对中国的启示[J]. 理论视野，2010(4).

[26]汤建龙，徐强. 高兹生态学的马克思主义思想探微[J]. 北方论丛，2009(7).

[27]汤建龙. 高兹早期哲学思想的显性理论支源和思想渊源[J]. 江海学刊，2009(11).

[28]汤建龙，张之沧. 安德瑞·高兹的"后马克思"技术观——资本主义技术和分工批判[J]. 科学技术与辩证法，2009(2).

[29]汤建龙. 国家：不可彻底消除的必然性领域——安德瑞·高兹"后马克思"国家观探微[J]. 理论探讨，2009(11).

[30]吴宁. 消费异化·生态危机·制度批判——高兹的消费社会理论析评[J]. 马克思主义研究，2009(4).

[31]曾文婷. 安德烈·高兹的"非工人的非阶级"思想评析[J]. 南京社会科学，2009(4).

[32]李春娟，包庆德. 高兹的"生态政治哲学"理论述评[J]. 内蒙古师范大学学报（哲学社会科学版），2009(7).

[33]吴宁，张秀启. 高兹新工人阶级论析评[J]. 湖南文理学院学报（社会科学版），2009(11).

[34]汤建龙. 高兹哲学思想的发生学逻辑[J]. 国外理论动态，2008(3).

[35]汤建龙. 马克思的无产阶级理论真的具有黑格尔宿命论特征吗？——高兹《别了工人阶级》一书的批判性解读 [J]. 理论探讨，2008(7).

[36]马兰，吴宁. 生态视域的科学技术——生态学马克思主义科技观述评[J]. 华中科技大学学报（社会科学版），2008(3).

[37]温晓春. 安德烈·高兹的医疗工业政治经济学批判的基本逻辑[J]. 中国社会科学，2008(1).

[38]吴宁. 高兹的生态政治[J]. 国外社会科学，2007(3).

[39]马瑞丽，吴宁. 安德烈·高兹的劳动解放思想探究——兼析马克思的劳动解放思想[J]. 福建论坛（人文社会科学版），2007(2)

[40]陈学明. 论生态社会主义者对当代资本主义的新反思[J]. 毛泽东邓小平理论研究，2006(1)

[41]吴宁. 生态学马克思主义的生态现代化理论及其启示[J]. 国外社会科学，2006(8).

[42]吴宁. 高兹的生态政治学[J]. 国外社会科学，2007(3).

[43]马瑞丽，吴宁. 安德烈·高兹的劳动解放思想探究——兼析马克思的劳动解放思想[J]. 福建论坛（人文社会科学版），2007(2)

[44]吴宁. 高兹的资本主义观[J]. 毛泽东邓小平理论研究，2006(7).

[45]吴宁. 高兹的生态学社会主义[J]. 南京政治学院学报，2006(9)

[46]蒋舟俊. 高兹的生态学马克思主义的政治哲学[J]. 江汉大学学报（人文科学版），2004(12).

[47]解保军. 安德瑞·高兹的"技术法西斯主义"理论析评[J]. 自然辩证法研究，2004(7).

[48]陈学明. 评生态学的马克思主义及其主要代表人物高兹[J]. 当代国外马克思主义，2002(10).

[49]刘凤玲. 人类面对生态危机的出路——高兹的生态重建理论[J]. 当代世界社会主义问题，2001(9).

[50]吴宁. 高兹的生态学马克思主义[J]. 马克思主义研究，1998(6).

[51]陆俊. 论高兹的"后工业社会的乌托邦"[J]. 理论纵横，1996(8).

四、相关学位论文文献

[1]靳丽静. 高兹的生态学马克思主义理论及当代价值研究[D]. 吉林大学，2019.

[2]魏恒. 从"经济理性"批判到"生态理性"构建——安德烈·高兹生态学马克思主义思想研究[D]. 吉林大学，2019.

[3]蒋谨慎. 生态学马克思主义发展伦理思想研究[D]. 中南财经政法大学，2018.

[4]胡梅叶. 生态社会主义理论及其当代中国意义[D]. 安徽师范大学，2016.

[5]潘承彬. 安德烈·高兹的生态学马克思主义思想[D]. 南京航空航天大学，2016.

[6]初丹. 生态批判与绿色解放之路——生态学马克思主义研究[D]. 吉林大学，2015.

[7]王磊峰. 安德烈·高兹的劳动观研究[D]. 福建师范大学，2015.

[8]邹佳天. 高兹生态学马克思主义思想研究[D]. 福建师范大学，2014.

[9]金雪梅. 高兹生态学马克思主义思想研究[D]. 沈阳师范大学，2014.

[10]王斌. 从经济危机到生态危机[D]. 南京师范大学，2012.

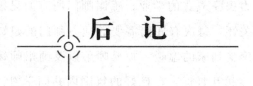

后　记

　　本书是对我的博士论文的丰富和完善。我在吉大马克思主义学院学习的时光，是在准备论文以及写作论文中充实地度过的。论文写作的即将完成宣告博士三年的学习生活也将要结束。这三年对我而言是不平常的三年，是经历颇多的三年，更是难忘的三年。

　　首先，我要感谢我的导师穆艳杰教授。从选题、开题到中期写作过程，穆老师给我很多建议和指导，从老师那里收获的不仅仅是学习研究的方法，还有认真治学的态度以及对生活的乐观追求。穆老师深厚的学术造诣和严谨的治学风格都深深地感染着我，在老师耳濡目染的影响下我选择生态马克思主义作为博士论文的研究方向。穆老师对生态问题有着系统的研究，在老师的指导下我对生态问题有了新的思考和理解，想要进一步剖析生态社会主义和马克思的社会主义理论之间的内在关系。我选择对高兹的生态社会主义理论进行系统研究，结合穆老师对我的指导，寻找一个研究生态的新视角。其次，谢谢我的师母周老师，她温柔对待生活的态度影响着我们每一个人，总是在我们感到迷茫的时候为我们答疑解惑。再次，感谢马克思主义学院的培养，感谢马克思主义学院诸位老师对我的培养，特别感谢老师们在授课过程中带来一次又一次的头脑风暴，引发我的思考，激起我研究问题的兴趣，在关键问题上为我答疑解惑；谢谢老师们开题对我论文结构给出的修改意见，让我能够及时调整和厘清论文写作的方向。

　　另外，感谢家人们对我的支持与帮助，谢谢我的父母不远万里陪着我到长春求学，帮我照顾孩子，让我可以无所顾虑地投入学习中。感谢我的爱人，为我承担来自生活的压力，独自解决家庭中的大事小情，照顾父母、陪伴家人，让我能够安心学习和潜心做研究。特别是在我论文写作后期，承受的压力也越来越大，经常会觉得分身乏术，爱人对我学业的支持和鼓励，使我能够坚持下去并且尽力去完成我的学业。感谢师门所有的兄弟姐妹们，让我在长春感受到亲人的关怀，每次有任何需要的地方师门的姐妹们都主动为我提供帮助，让我在外感受到家的温暖。师兄师弟以及师姐师妹们与我在生活中相互帮助，在学习上相互督促，在良好的氛围内共同学习、一起成长。特别感谢我的室友杨佳乐博士以及同届的刘秀博士，在学校帮我处理各种事情，在生活和学习中给我诸多陪伴与帮助，与她们一起学习生活的时光让我难以忘怀。

工作之后重新回到学校学习对我而言，历经辛苦但更多的是收获一段别样的人生经历。再次回到学校，放下所有的顾虑潜心研究让我感受到了久违的舒心与宁静，也为能有这样一次为自己所喜欢的事情努力奋斗感到幸福。完成博士论文写作于我是一次重要的人生经历，我会记得这个过程中持续不断的焦虑和迷茫，也会记得每一次拨开迷雾之后的欣喜若狂。我会带着老师们的教诲和学到的知识，进入一个新的工作学习阶段，不断发现和成就更好的自己。